神道引き寄せの法則

禊祓いの心

矢加部 幸彦

ナチュラルスピリット

推薦のことば

神ながらの道を研鑽し、自ら大和ことほぎの会を主催する矢加部氏は、私の主宰する大東流合気柔術玄修会の門人でもある。矢加部氏から、以前より二冊目の著書を執筆中という話を聞いており、いつ完成するのかと心待ちにしていたが、ついに上梓することになったという。祝意を込めてここに推薦の言葉をしたためることとする。

前著『神ながら意識』のときと同様に、この度も原稿を私のところに持参された。「ご指導をお願い致します」とのことであった。

一気に読ませていただいた。その原稿は、はじめに近年巷に流行するという「願望実現法」や、いわゆる「引き寄せの法則」なるものを整理し紹介する。その上で、我が国古来の神ながらの道においては、誰もが神々の末裔であり、神そのものであるという大事を指摘し、更には想念の具現化の本質について解き明かしている。これは、読む人に、人間の本質は霊的な存在であるという大自覚を得せしめ、また幸運をもたらす書ともなるだろうと感じた。

昨今では、海外の思想が先端的であり、進歩的であり、優れているとしてありがたがられる傾向があるが、はるかな昔から、我が国日本には、そうした思想を超越する固有の大道が存在した。それは道教、あるいは儒教、仏教などが伝来する以前より存在する神の道で、日本人の霊性に多大なる影響を与えていた。

これを一般的には神道というが、長い歴史のなかで両部神道とか儒家神道などのように雑多なものが混じったものもあり、それらと区別するためにそうしたものが混じる以前の古《いにしえ》の神道の意味で、古神道と呼ばれることもある。著者の言う「神ながらの道」とはまさに、日本古来の真の古の神道のことである。

古神道では、人は天之御中主神より一霊を享け、全大宇宙の一切を内包する小宇宙であり、宇宙と人体は照応し、天之御中主神より享けた真生命は、顕幽一貫して永遠に不死不滅に活動すると教える。

古神道を奉ずる人の目的は、小宇宙である人間の本来を大悟して、顕幽を貫くところの大神業に参与することにあるのだ。神ながらの道とは何か、その本質は何かについてなどの専門的な知識を得たいというのであれば、私の著書をご覧いただくほかないが、普通に生き方とか幸運を得る法などを知りたいというような人々であれば、本書一冊あれば、十分ではないかと思う。

本書において、著者は古神道による幸運を呼ぶ生き方を親しみやすく、分かりやすい言葉で様々な事例を引きながら解説している。

著者は欲を否定するわけではない。欲を持ち、悩みを抱えたとしても、禊祓いを実践するならば、直霊が顕現すると説く。

人は唯一にして全一であるわれわれを生み出した親である宇宙の大生命のなかに住む。

その天地の生成化育の大徳のなかに、みずからの心を向けるときには、ただただ有り難いばかりで、物が有る無い、あるいは名誉栄達、生死も、もはや少しも心を煩わすものではないとする。

さらに、神典『古事記』は、言霊の書として、あるいは予言の書として、あるいは宇宙の玄理の書などとして、様々な解釈があるとされるが、その『古事記』の誰もが知る場面を引き、そこに古今かってないほどの玄意玄義をも開示している。

中でも天照大御神の天岩戸籠もりの場面は圧巻である。天照大御神と八百万の神との内外相応、顕幽合一による天岩戸開きは、そのまま天地開闢の再演であり、またこれすなわち想念の具現化の雛形であるとする。こうした解釈は、著者の日頃の修道の結果、自然と霊得されたものであろう。

真の知恵を学ばずに日常を生きていれば、日々の暮らしの中に、不満の種を見つけ、問題を見つけ、欲望を膨らませ、迷いと無明の闇へと堕ちてしまうのが常である。

しかし、私たちは誰もが、宇宙大元霊、つまり天之御中主神の分霊《わけみたま》をうけて存在しているのだ。そのことを霊悟し、深く理解した上で日常を生きれば、やがて本来の使命にも気づく。

天之御中主神はなぜ私たちをあらしめたか。私たちに大宇宙の進化の一端を分担させるためである。つまりは私たちは卑小な存在ではなく、大元霊の造化の一端を担っている尊い存在なのである。

そうしたことは、心身を清浄に保ち、『古事記』を拝読すれば、自然と分かって来ることではあろうが、人によっては、その理解はなかなか難しい。それを分かりやすく示しているのが、矢加部氏の本書である。

古神道においては神典『古事記』は幾通りもの玄義を包含するところの霊書とされているが、矢加部氏の本書は、その玄義の一端を開示する興味深いものである。

読者は、本書から、現代では忘れられかけている神ながらの道の神髄の片鱗でも汲み取る事ができるならば、大いに人生において意義のあることであろうと思う。

これが本書の一読を勧める所以である。

大東流合気柔術玄修会　会長

玄学修道会　会長

大宮司朗

清明・・・

かつて　稲穂の波に龍が
戯れていたころ

私たちは　その手で風を
つかむことが出来ました

それは　空と海の重なる
ところからやって来る

鳳凰の羽ばたきの祝福でした

そう
生命は称え合っていたのです

かつて
あらゆる存在が虹の音を
奏でていたころ

私たちは
光の言葉と共にありました

それは
時空の交わりから生まれた
数多の星からの贈り物でした

そう
生命は称え合っていたのです

天からは絶え間なく甘露の
水が降り注ぎ

地には幾万里にも及び
宝珠の花が咲いていました

龍が戯れ　鳳凰が舞い
音と色が光を寿ぎ

天と地は　たおやかに
繋がっていたのです

そう
弥栄《いやさか》を称え合っていたのです
生命という弥栄を・・・

*

この美しき日(霊)の本の
叡智、禊祓いの心、
その永久《とわ》の弥栄を
皆さまと共にことほいで
まいりたいと思います

はじめに

「引き寄せ」という言葉を耳にするようになって、どのくらい経つでしょうか。

「神ながらの道」を伝える講座をやっていると、参加者の方の中に、「開運したい」とか「幸せを引き寄せたい」とかおっしゃる方をお見かけすることがあります。

その度に「何を、どうして引き寄せたいんだろう。そんな必要はないのに……」と素朴な疑問を抱いていました。

「引き寄せ」という言葉がよく出てくるので気になって調べてみると、国内外に「幸せを引き寄せる」「成功を引き寄せる」といった書籍がいくつも出版されていて、「引き寄せ」るための手段や方法を説いたセミナーも人気を集めているということが分かりました。

この日の本に脈々と流れてきた神ながらの道の在り様と共通するものがあるのではと、ふと思い立ち、いわゆる「引き寄せ」について書かれた本をいくつか取り寄せ、それらの主張を比較検討してみました。

その内容は、多少の違いはあるものの概ね似通っており、どうやらこの世には「引き寄せの法則」というものがあり、それは宇宙の法則であること、その法則を知り、正しく実践することで、願いが叶い、望みのものが手に入ったり、経済的に豊かになるといったものが主たる主張のようです。

意識の持ち方で物事の在り様が変わるということは、「神ながらの道」にも通じることです。実際に「引き寄せの法則」で行うと良いと書かれていることの中には、私自身も心がけて行っていること、日本古来の美しい習慣に共通するものも多くありました。

しかしながら、中には、これはどうかと思うような記述も散見されました。

特に、これらの情報をもとに実践しているという方々や、さらにこれを広めようと発信している方々の言動の中には、思わず首をかしげてしまうものがあります。

例えば、SNSで神社ツアーと称して御朱印帳を集める方々の様子や、神社参拝のとても細かいルールやタブーを「こうあるべき」と主張される投稿を見ていると、ひょっとすると肝心なことを知らないのではないだろうか、神様のことについて一番大事なことを知らずに、誰かの言葉を鵜呑みにして、闇雲に参拝しているのではないだろうかという印象を受けてしまいます。

もちろん、神社参拝をすることも、「引き寄せ」の本に書かれていることを実践して幸せになろうとすることも、否定するつもりはありません。信念のもとに、正しいことを伝えようという方の姿勢は、それはそれで素晴らしいことだと思います。

ただ、「こうあるべき」という強い主張に振り回されている人々や、巷で「引き寄せの法則」を口にする方の中には、むしろ気がかり（気掛《きが》かり＝気枯《けが》れ）を増やすことばかりして、好ましからぬことを引き寄せているように映ってしまうことがあります。

一体、この「引き寄せの法則」とは何なのでしょう。人々は、その法則を知って、何を得ようとしているのでしょうか。

「幸せになろう」として行っている「法則」が、その本質を知らないために、むしろ望ましくないものを引き寄せているとしたら……それはとても残念なことです。

本書では、日本人の心の中に脈々と受け継がれてきたものに光を当てます。伝統的な暮らしや風習の中に息づいてきた「かたち」やその「心」に隠されている「神道引き寄せの法則」について、宇宙と神々の法則について、そしてまた、願いを叶えるとはどういうことか、祈りとは何かを、皆さまと共に問うてまいりたいと思います。

もし、「引き寄せ」という呪縛に囚われている方がいるとしたら、そこから解き放たれることを願って止みません。そして、うれし楽しの神ながらの道を歩んでいくことを……。

いくら祈りても
真心《まごころ》　誠《まこと》の心《こころ》なくば神に通ぜず
逆に真心　誠の心あらば
祈らずとも神に通ず
しかして　真心　誠の心あるものは
自然と神に手を合わせ
神に祈るもの・・・
真《まこと》の心は真《まこと》の形となって顕れるゆえ
その姿は誰が見ても
美しいのです

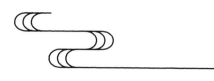

目次

第一章

巷に広がる「引き寄せ」とは

第二章

私たちは永遠の光の存在

第三章

あなたはすでに引き寄せの道を歩いている

第四章

禊祓いの心

第五章 神道引き寄せの法則

第一章

巷に広がる「引き寄せ」とは

神社は、運を「引き寄せ」る場所？

近年、伊勢神宮を筆頭とする神社参拝の人気が高まっているそうです。神社やお寺でも工夫を凝らしたお守りやきれいな御朱印帳を用意し、それが人気に拍車をかけているようです。人々が集い、晴れやかな笑顔で参拝する風景は、とても和やかなものです。

そもそも日本人にとって、神社やお寺は、昔からとても身近な存在でした。お伊勢参りは、庶民にとって一生に一度は行いたい憧れのイベントでしたし、初詣はもちろんのこと、何か心配事があれば神仏にすがってみたり、土地の神様に日々の平穏を感謝する、そのような習慣は日本人にとって、とても馴染み深い風景のひとつです。

それほど信心深くないという方でも、初詣ともなれば、全国の有名な寺社に足を運びます。子どものお宮参りや七五三、受験の合格祈願や大願成就祈願、厄年の時の厄除け祈願など、何かの折に神社を訪れることは少なくないでしょう。

また、「〇〇神社に行けば、開運間違いなし」、「〜〜運を上げたければ、〜〜の神様にお参りすればいい」といった情報も、江戸時代の頃から庶民の間ではごく普通に広まっていたようで、現代の若い女性たちが、恋愛成就のご利益があるという神社へ押し寄せる様子や、「ご利益別神社ガイド」のような本やインターネットの情報に人気が集まるのも、いたしかたないことかと思います。

ただし、最近の神社参拝ブームは神社仏閣を「パワースポット」としてしか捉えず、ただ「いい運を引き寄せる」ことを目的とする人々を増やしているようにしか思えません。

神社がパワースポットであることは確かです。神社にはそれぞれに縁起があり、そこに祀られている神々のお役目、おはたらきという御神徳の振るえがその神域には働いています。それ故、その神様にあやかりたいと参拝するのもまた当然のことかも知れません。

しかしながら、「パワースポット巡り」と称して神社参拝を観光イベントのように捉えて騒いだり、スタンプラリーのように御朱印集めを趣味とするなど、神々のおはたらきや御神徳に感謝することもせずに、「パワースポットと呼ばれるところに行きさえすれば運気が上がる」とだけ考えている方が多いのではないでしょうか。

神社詣でやパワースポット巡りに限らず、パワーストーンや様々なラッキーグッズ、巷に広がる「引き寄せの法則」を熱心に実践する人々に共通しているのは、「引き寄せ」と「開運」が同義語になっていることです。

「引き寄せるものは運以外に何があるのか」と思うかも知れません。では、幸運とはなんなのでしょうか。安易に「引き寄せの法則」を実行に移すと、引き寄せられるものは、幸運どころか「禍《わざわ》い」であるかも知れません。

ご神前で拝礼する・・・
玉串を捧げる・・・
そのあなたは
私は
それに相応しいものでしょうか
神々様の誠の御心に
叶ったものでしょうか
神様の御前に出るとき
あなたは
私は
常にそのことを
問われているのです

「引き寄せ」ブームはいつからか

ここで、「引き寄せの法則」について、考えてみたいと思います。

日本で「引き寄せ」という言葉が一般的に使われるようになったのは、平成に入ってからのことでしょうか。いわゆるスピリチュアルブームの広がりとその時期は重なります。

日本ではバブル景気が終焉し、右肩上がりの成長がストップ。長い不景気の一方で、環境意識の高まりやグローバリズムが進み、人々は、未来への不安を抱えるようになりました。

経済的成長を前提とした価値観が揺らぐと、精神的な安寧や心の豊かさというものの価値が見直されるようになります。物質社会から精神社会への移行を唱える人々が増え、さらには、既存の宗教や医学とはやや異なる神秘学的なアプローチによって、問題の解決を求めようという様々な方法が台頭してきました。

昭和の頃なら、次元の上昇や宇宙といったことを語る知的生命体とのコンタクトや、癒やし（ヒーリング）、チャネリングなどは、「オカルト＝神秘体験、神秘現象」と呼ばれ、ごく一部のマニアックなものでした。それが「スピリチュアル」と呼ばれ、形を変え、市民権を得ていったのです。

心理学や脳科学といった既存の学問との融合や解釈が図られていったことも、いわゆるオカルトブーム時代とは一線を画していると思われます。

それらの思考法や実践方法の多くは、当初、海外の書籍の翻訳という形でもたらされました。やがて様々なグル（導師）が来日してはセミナーが開催されるようになり、本場に行って学ぶ方も増えていきました。

そのようなブームの流れの中に、「引き寄せの法則」と呼ばれる外来の思想もありました。

「引き寄せの法則」とはそもそも何？

「引き寄せの法則」とは、一般にどういうことを言っているのでしょう。

まずはブームの火付け役となった『ザ・シークレット』（ロンダ・バーン著、山川紘矢・山川亜希子・佐野美代子訳、角川書店）から紐解いてみましょう。

この本は、オーストラリアのテレビ・プロデューサーであるロンダ・バーンによる同名の映画にもとづく自己啓発書です。太古より秘密にされてきた法則があり、多くの芸術家・科学者・著名人がその秘密を知っていたとしています。現代の約20人の講演家や科学者、自己啓発作家などのインタビューを通して、「思考が現実を創造する」ということを主張しています。

『思考が現実化する』というのは、ナポレオン・ヒルの書籍のタイトルですが、こちらも、「心で考え、できると信じたことは実現できる」という内容で、多くのビジネスパーソンが関心を持ったようです。

『ザ・シークレット』と並んで有名なのが、最近新訳も出て話題になった『引き寄せの法則　エイブラハムの教え』（SBクリエイティブ）です。

まさにタイトルそのものであるこの本は、エスター・ヒックスとジェリー・ヒックス夫妻によって書かれた、いわゆる「チャネリング本」です。妻のエスターが「エイブラハム」と名乗る集合知性体とつながり、彼の伝える「宇宙の法則」を記していくスタイルを取っています。

この本で重要なのは、普遍的な宇宙の法則として、「それ自身に似たものを引き寄せる」こと、すなわち望ましいことをイメージすれば望ましいことが実現すると提唱していることです。

他にも、「現実は〝意図的に〟創造する必要がある」（「意図的な創造の方法論」）、「ありのままの自分であることを許し、受け入れることで、現実の変化を可能とする」（「許容し可能にする術」）などが書かれ、この後に登場する様々な「引き寄せ」関連書籍のベースとなっているようです。

このような考え方は、現代日本人にとって新鮮に感じられるものだったのでしょう。もともと異文化を受け入れることに長けているのが日本人ですから、「引き寄せの法則」も速やかに受け入れ、伝播していったのかも知れません。

実は、「引き寄せの法則」などに書かれている事柄の中には、昔ながらの日本人の考え方や哲学、生き方に通じる点が多く、そのために抵抗なく受け入れられたのではないかと感じることもあるのですが、それについては次章で詳しくご紹介します。

さて、日本国内で「引き寄せ」という言葉が広がるにつれて、その実践法の中に、神社や神様を題材としたものが出現するようになります。

海外の宗教や生活文化をもとにした方法をそのまま取り入れるよりも、より身近な応用方法として、日本古来のスピリチュアルな存在である神道や神社などが適していたのではないでしょうか。これも外来の文化をうまく取り入れ、日本人に合った形に変えていくという日本人らしさの一端を表しているものだと思います。

「引き寄せブーム」の四つの落とし穴

しかし、残念ながら今、巷で広がっている「引き寄せの法則」ないしスピリチュアルブームは、何か本質からずれているように見受けられます。

特に「引き寄せの法則」を口にする方々の中に、本来の目的を見失い、その実践において以下のような四つの状態に陥ってる人が、少なからずいるのではないでしょうか。

❶ ねばならない

❷ 自分さえ良ければいい

❸「幸せ」に縛られてしまう

❹「正しさ」に縛られてしまう

引き寄せの法則を実践しているはずなのに、気がかり（気枯《けが》れ・穢《けが》れ）を増やし、不安や傲慢を増長させ、何かに枯渇しているかのようにさらに次から次へと新しい方法、正しい方法を求める……。それではいつまで経っても心の安寧が訪れるとは思えません。

ここで具体的に、そのことを見ていきたいと思います。

❶ねばならない

「引き寄せの法則」の本を読むと、その法則は宇宙を貫く法則だと書かれています。その法則を知れば、望みのものが手に入ったり、経済的な豊かさを手に入れたりできるのだと書かれています。

「引き寄せの法則」に引き寄せられた方々の中には、そういった記述にのみに目が奪われ、この法則を守りさえすれば願いが叶うに違いないと、己の欲望に翻弄されながら、不毛なる実践を試みておられる方も見受けられます。

「開運したい」、「運勢を良くしたい」、「お金持ちになりたい」、「欲しいものを手にいれたい」という欲望は、際限なく増幅していくことに、注意しなければなりません。

その上で、なかなか願いが叶わない、思った効果が得られないとなると、やり方がよくないのだろうか、もっといい方法があるんではないかと模索し、その挙げ句、もっと迷いの世界に入り込んでしまいます。

それどころか、願いが叶った、効果を感じたという方の方が、さらに迷妄の世界の奥深くに陥り、抜け出せなくなるかも知れません。

例えば、神社をパワースポットとして通うという方の中には、

「今年は、百カ所の神社を参拝しなければならない」

「あの神社に行かないと運気を上げられない」

「御朱印を集めなくてはいけない」

「神社参拝の作法は正しく行わなければいけない」

「こうあらねばならない」と自分に課し、できなかったらどうしよう、できなかったからダメだという心理状態になってしまう方がいます。

他の開運グッズや開運方法でも同じです。

「財布は1年ごとに買い替えないといけない」

「パワーブレスレットを忘れてきてしまったので、悪いことが起きそうで心配になる」

「本によってやり方が違っていて、どれが正しい方法か分からない」

これらの様子を見てみると、当初はよかれと思い、始めたにもかかわらず、いつしか「ねばならない」と義務を感じるようになり、挙げ句は「できなかったらどうしよう」と、心配の種を増やしているようです。

「欲しい」「なりたい」という思いは人として自然ながらの気持ちです。

しかしながらその思いが強くなりすぎると、かえって「思い通りにならなかったらどうしよう」「こうあらねばならない」などと、自分自身を束縛し、不自由な状態をつくり出してしまいかねません。

これではまるで、「気掛かり＝気枯れ＝穢れ」を引き寄せているようなものです。

❷自分さえ良ければいい

「引き寄せの法則」が、物質的な豊かさや富をもたらす方法だと認識している方の中によく見られるのが、「自分がその利益を得られればそれでいい」という利己的な姿勢です。

ご利益を得たいという思いから、他者よりも早く、優位に立とうとする貪欲な姿は決して美しいものではありません。

神社仏閣に限らず、パワースポットと呼ばれる場所は聖域であることが多く、昔から人々が、自然と敬意を払い、畏れや感謝の念を持って静かに守られてきたところです。そのような場所を観光気分で騒いだり、禁足地にずかずかと入り込んだり、無断で写真を撮ったりするのはいかがなものでしょう。恋愛成就にご利益があると言われて人気のある神社では、あまりに多くの人の「良縁を引き寄せたい」という欲が集まりすぎて、清浄さが損なわれているという話も聞きます。

手当たり次第に、あちらこちらの神社を参拝し、御朱印を集めては喜ぶ。「とにかくたくさん神様を拝んでおけば、どれかひとつくらいは御利益があるだろう」と虫のいいことを考える。全てそろばん勘定。そのような考えで、本当に神々の想いと響き合えるのでしょうか。

むしろ「自分さえ良ければ」というその思いは、御利益を受けるどころか、単に古《いにしえ》より人々が大切に守ってきたその神域を、穢しているだけのように思えてしかたがありません。

「自分さえ良ければいい」「自分の子どもさえ良くなればいい」という我欲は、「どのパワースポットがいいか」「どの『引き寄せの法則』が一番効くか」といった計算ずくの考え方につながっています。我欲は、欲と表裏一体である怖れをも増大させて、❶でも述べたように罪や穢れを引き寄せてしまいます。

「自分さえ良ければ」という我欲の想いは、その神々の想いと響き合うのでしょうか……。

❸「幸せ」に縛られてしまう

「引き寄せの法則」を中心として、様々なスピリチュアルな法則や原則というものの中には、日本の人々にとってはとても当たり前なことや昔ながらの生活の知恵のようなものも多く見受けられます。

しかしながら、「法則」を絶対視し、それに縛られる人も少なくありません。

仮にその法則が「絶対」であったとしても……。

仮に信じているものが素晴らしいものであったとしても、そのことに縛られ鵜呑みにするということは、せっかくの自分自身の思考や感性をないがしろにすることではないでしょうか。

例えば、「財布は長財布にして、定期的に買い換えなければリッチになれない」と思いこんでしまえば、どんなにきれいに使って愛着があっても、それこそお財布事情が苦しくても、無理してでも定期的に買い換えることになるでしょう。

そこまでして財布を買い換えるのは、「お金持ちになりたい」という欲でしょうか、「買い換えないと貧乏になる」という不安でしょうか、それとも「守らなければいけない」という義務感でしょうか。

「引き寄せの法則」を実践し、運が良くなったと感じ、日々の生活が心地よく感じるのならば、それはとても素晴らしいことだと思います。しかしながら、その形やルールにとらわれると、「やれば幸せになれる」から「やらなければ幸せになれない」となり、「できなかったから悪いことが起きる」、「やらなかったからバチが当たる」という負の感情を育ててしまいかねません。

例えば、「毎月一日は神社にお参りを欠かさない」という方が、もし「そうしないといけない。そうでないと幸せになれない」と信じ込んでいたら、お参りに行けない時に、葛藤を抱えるようになります。

せっかく良いと思うことを続けているにもかかわらず、「やめてはいけない」という強迫観念を育ててはいないでしょうか。

良かれと思って行う「引き寄せの法則」なのに、このように心を曇らせてしまうようでは、人生を豊かにするとは言えそうにありません。

❹「正しさ」に縛られてしまう

「引き寄せの法則」の他にも、世の中には、様々なスピリチュアルな法則や原則というものがあります。

人によっては「どちらが正しいか」、「どちらが効果があるか」と気になって仕方がないという方もいるようです。「正しさ」とはなんなのでしょうか。

正しさを求めるということは、反面、他が間違っている、他はダメだと否定する心を持つことにもつながります。その結果、葛藤や対立感情を持つこともあるでしょう。

そのように、他人を憎んだり相手を恨む気持ちに心が支配されることは、気がかりの最たるものです。それればかりか、自分の思う正しさに到達していない己《おのれ》自身のことまで責める、前を行く（ように見える）人を妬む、そのような感情に囚われてしまうこともあるかも知れません。

そのような状態で正しさを求め続ける心の中には、「今の自分を受け入れられない」、「今のままではダメ」という自己否定が存在しています。

それでは、本来の「引き寄せの法則」にある「ありのままの自分であることを許し、受け入れることで、現実の変化を可能とする」ということと矛盾してしまいます。

条件付きの幸せも、今のままでは幸せではないという意識を育てますが、正しさを求めることも同様に、今が正しくないという不足の気持ちを育ててしまいかねないのです。

スピリチュアルブームが生み出した罪

「物質社会から精神社会へ」というのは、特に平成以後、日本で広まってきた風潮の一つです。物やお金に執着することよりも、人の心や絆に関心を向けようということはとても素晴らしいことです。

しかし、スピリチュアルに傾倒する人の中に、これまで書いてきたような気がかりが生まれてきたのも間違いのないことだと思います。

スピリチュアルや霊的なものを重視するあまり、「引き寄せの法則」と矛盾してしまうことをやっていないか、いくつか挙げてみましょう。

●外側の情報に振り回される

「運気を上げるにはどうすればいいですか」、「自分の運命はいつ良くなりますか?」

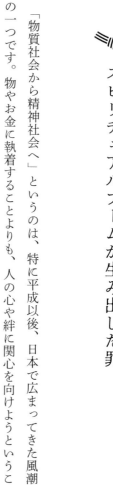

と、占いやおまじない、パワースポットなどに頼る人がいます。これらを心のよすがとして利用することは悪いことではありません。そこから勇気をもらうこともあるでしょう。

しかし、己の努力なしに奇験《きけん》を求めようとする心は、我欲による悩みを増大させます。そして、スピリチュアルといわれるものや魔術的なものに安易に依存する心は、「何か」に付け入る隙を与えます。

また、「私のお役目って何ですか？」と聞き回っている人や、チャネリングなどを行って、「私の使命を理解したんです」と言っている人もいます。

その人にしか体験できない役目、役割、使命というものは確かにあるでしょう。自分に生じた出来事から、何をどうしていこうかという問いかけを行うことはとても大切です。

しかし、いつまでも外に答えを探し続け、誰かの言葉やスピリチュアルな体験を鵜呑みにするだけでは、迷妄の罠に陥りかねません。

全ては、自分の心の中にある鏡と照らし合わせて活用するものです。誰かに言われたこと、何かの事象として示された結果を吟味もせずに妄信することは、外側の情報に振り回されているだけで、己自身を生きることを放棄しているのではないでしょうか。

●自己顕示欲の罠に陥ってしまう

スピリチュアルブームの中に、前世や過去世を気にする人が多くいます。

過去世が巫女とか神官だったとか、神殿娼婦だったりとか、誰かが、または自分で、過去世を特定してしまうことは、その正誤はともかく、その人の意識が過去世に捉われた状態です。〝今に在る〟という、創造進化の機会を却って失うことになるだけでなく、前に述べた宿命や使命と同様に、自己顕示欲の増長にも繋がりかねません。

また、その知識や情報を人に伝えるようになると、無意識に上下意識を持ちやすくなります。「知っていること」が偉いのではありません。これは「人の役に立つ」、「大きなことを成し遂げる」という時にも起こりうることですが、それがもし「役目」であるならば、自慢などするはずがありません。

●パワースポットを汚す

パワースポットという呼び方は誤解を招きやすい言葉なので、あまり好きではありませんが、確かに御稜威《みいつ》（神々のご威光、エネルギー）を強く感じられる場所というのは各地にあります。そこは地球の振動数を維持する場であり、エネルギーセンターなのです。ちょうど人間の身体における経穴や経絡のようなものかも知れません。そのエネルギーセンターを龍穴と言ったり、龍穴と龍穴を繋ぐエネルギーの流れを龍脈と呼んだりするようです。古代の人々はこのような場を聖域と定め、人がみだりに立ち入らぬよう禁足地として囲いをし、清浄を保とうとしてきました。これが神社の原点です。

これをパワースポットと呼び、観光地よろしく物見遊山で訪れる人も多いようですが、古より大切に守られてきた神域、ましてや禁足地を自分のエゴやご利益目当てに汚すことは、許されないことではないでしょうか。

●霊的な力を盲信する

人にはそれぞれ固有の波動領域、肉体の特質があります。

いわゆるパワースポットを訪れたり、パワーストーンを身につけたからといって、誰もがその影響を受け、恩恵を賜るわけではないようです。また何かを感じるというのは、主観に過ぎません。

もしも「神仏を見た」と言う方がいたとしても、それは、その方の心の反映であって、見たり感じたりしたものが、そのまま神仏の実体であるとは限らないのです。狐《こ》狸《り》などの低級霊は、人に幻影を見せて人のエゴを増長させるとも言われます。見えたり聞こえたりしたものに惑わされずに、目の前の現実をしっかり見据え、日々の暮らしと神々の恵みに感謝して生きていきたいものです。

●霊的修行をする自分を特別だと勘違いする

自分が他人より優れているというのは錯覚であり、自分は他人より劣っているというのもまた錯覚です。霊的な修行を行っていると、その行が進むにつれて、いつのまにか自我が肥大し、特別意識を持つようになることがあります。己を高めようともしない怠惰な人を軽蔑したり、霊的なことや神秘的なことに関心を持たない人を見下したり、自分以外の人を「霊的レベルが低い」と勝手に決めつけて軽んじたりするのは慢心以外の何ものでもありません。

他と比較している間は、その人は対立の世界にいるのです。

また、「自分はこれだけの行をやってきたんだ」、「自分は謙虚で神への帰依者であって特別な存在だ」といった気持ちは、どんなに修行を積み重ねていっても、何度でも陥る落とし穴です。あらゆる修行の中でももっとも難しいことが、「いい気にならないことだ」というのが先人の教えなのです。もし他人が自分より大きく見えたり、小さく見えたら、それは幻影にしか過ぎません。このような幻影に囚われているなら、霊的修行の達成は道遠しと言わざるを得ません。

●「良いもの」に極端にこだわって破綻する

「〜〜しか食べない」、「波動の高いこの水しか飲まない」と「極端」にこだわる人がいます。霊的レベルを高めるための水、食事などというものは確かにあるとは思いますが、あまりに極端にこだわるのはいかがなものでしょうか。

極端にこだわると、自説に固執するあまり、体に悪いとされる食べ物を敵視し、それを食べる人を見下すようになるかも知れません。

さらには、体質を無視して、霊的に高いものだけを食せばいいと固執し、かえって栄養バランスを崩し、心身の不調をきたしてしまうかも知れません。

加えて、そのいいと思うものが入手できない時には、不満や不安にさいなまれ、ストレスを抱え、精神のバランスを崩すかも知れません。

このようなことは食に関することだけではなく、衣服や住まい環境、付き合う人にまで同じようなことが言えます。良いものを食し、心地良い衣服をまとい、良い環境に身を置きたいとは誰しもが願うことではあります。

しかしながら、衣食住や人間関係など自分に関わるものを「こうあるべきだ」と決めつけ、「それ以外はだめだ」と極端に否定・批判することは対立を生み、不調和を招くばかりです。

●日常生活を大切にしなくなる

一体何のために、何やらの神秘的エネルギーに繋がろうとしたり、パワースポットに足繁く通ったり、霊的な力を得ることに時間やお金を費やしたりしているのでしょう。

中には、「魂の進化向上のために」と答える方もいるでしょう。

しかし、日本には古来「山の行より里の行」という言葉があります。生活の行こそ大切だという意味です。

私たちは常に社会の中で、人と関わりながら勤めを果たして生活しています。今の自分の居る、その場その仕事その人間関係こそが、魂の進化に、最も相応しく設定された、修行の場であるというのが先人の教えです。

このことを忘れて、霊的修行を行うために家族との時間を減らしたり、家事や仕事を後回しにしたりして、日常生活をおろそかにするようでは、魂の進化向上など望むべくもありません。

ましてや、宇宙に委ねるなどと言って、自らの手足も使わず、考えることもせず、妄想にふけっているようでは、社会で生きていくことすら危うくなるのではないでしょうか。

そのことが
叶うかどうかは
簡単なこと
それが
天地の正道に
叶って
いれば
そうなる
であろうし

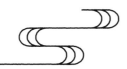

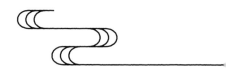

天地の理《ことわり》に
背いていれば

例え一時期
それが叶い

何かを手に
入れようとも

後々に

天地の理より
の調整が・・・

ゆえに

「引き寄せ」
などという
想いがなくても
人として

ただ
天地の正道
を歩めば
イヤサカなり

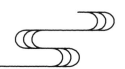

「引き寄せ」は本当に必要か？

本章では、「引き寄せの法則」を使って幸せを求め、かえって気がかりを生む人がいるという不可思議な風潮を見てまいりました。何故、このような本末転倒なことが起こるのでしょうか。

この「〜〜しなければ幸せになれない」という考え方の根底にあるのは、今の自分は幸せではないということの裏返しかも知れません。

開運や引き寄せの法則の実践を行う方の中には、どうもこのような意識を育てていっている方が増えているように思えるのです。

人は、幸せになるための条件を守らないといけないのでしょうか。

「〜〜しなければ幸せになれない」、「この法則で幸せを引き寄せなければ」と強く思えば思うほど、案外その想いは叶えられないものです。「〜〜せねばならない」というのはまさに執着です。その執着がかえって心と体を固くさせ、神ながらという自然なる流れを阻んでしまいます。

私たちは身も心も自由にリラックスしている時は、「ねばならない」からではなく「こうしたいからそうしている」と純粋な想いでいられます。このような身も心も自由な状態の方が、かえって必要なものが自然と引き寄せられてくるものです。もちろんそこには、「引き寄せてやろう」といったエネルギーの固着を生む強い想いはありません。

「必要なものを引き寄せてやろう」などと強く思えば、同時に「今、必要なものを持っていない」という思いも強くなります。同じく「幸せになりたい」と強く思えば思うほど、「自分は今、幸せではない」という思いを強くしてしまいます。

「引き寄せたい」と思うということは、神と自分が別物であり、幸せと不幸がそれぞれ別々に存在しているという分離意識から生じるものです。

自分が生まれながらに弥栄《いやさか》な存在で、神の一部であること、自分がすなわち神であることを知るならば、一体何を引き寄せるというのでしょう。

この本質を見失うと、自らを欠けたる存在と思いなし、その時の環境や価値観に左右された「我欲」を満たすことが、「幸せ」だと勘違いしてしまうかも知れません。

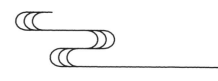

大自然の
宇宙の大恩に
報いるため

一切の生活に誠を尽くして
日々を丁寧に
祈りと共に
生きていく・・・

それが真《まこと》の霊的な生き方・・・

慎ましく
謙虚に
美しく
自他の心を乱さず
場を乱さず・・・

それが令和の心

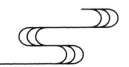

第二章

私たちは永遠の光の存在

人は神から生まれた神である

前章の最後で、「引き寄せたい」と思うのは、神と自分が別物だと思っているから、と申しました。

自分自身が神から生まれた神であり、生まれながらに幸いにして弥栄な存在なのならば、わざわざ「幸（さいわい）＝さきはい」や「弥栄」を他の場所から「引き寄せる」必要などありません。

自分が神であり、宇宙の一部であることを自覚し、ただひたすらに有り難いことと感謝し、喜び、より弥栄のために生きるだけ……。このような考えは、かつての日本人の多くがごく当たり前に持っていたようです。

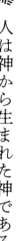

このように書くと、「人は神にあらず」、「驕り高ぶりではないか」と非難される向きもあるかも知れません。

しかし、それも神という存在が、私たち人間とは別の宇宙、次元に存在するという考え方に基づくもの。

古来、日の本の人々は、山川草木ありとあらゆるものは神から生まれ、神自身がそれら森羅万象を表現していて、人間もその一部であり、決して人間だけが神だとはしていません。

このような考え方は、日本に現存する最も古い歴史書の一つである『古事記』からも知ることができます。

神典『古事記』には、天地開闢《てんちかいびゃく》と共に天之御中主神《あめのみなかぬしのかみ》が成りなって、次々と神々をお産みになったということから説き起こされています。

宇宙と共に神は生まれ、八百万の神々の子孫として自分たちがいるということを記しています。人類学や遺伝子の知識などのない中で、自分たちは神の末裔であって、神から生まれた神の子孫であるという自覚を持っていたと考えられるのです。

だからこそ、森羅万象あらゆるものに神を感じてきました。水を汲みいただく時、そこには水の神霊ミズハノメの神が、火を灯し明りをつける時、そこには火の神霊カグツチの神がおわします、とお称《たた》えし、感謝するのです。あらゆる処に畏れ多き有り難き神々がおわしますという認識だったのです。

そして、神々にまなび、神々にならっていくことを良しとしてきました。
このような「神道」が、日本人の心には息づいてきたのです。

神道には教義も経典もなく、教祖もいない

「神道」というと、宗教の一つと捉える方も少なくないと思いますが、本書でお伝えしたいことの一つに、神道は一般的に知られている宗教ではないということがあります。

それでは、一体何なのでしょう。

その答えの前にお伺いします。

「あなたは、宗教をお持ちでしょうか？」

海外へ行くと、あなたの宗教は何かと聞かれて戸惑う人が多いと言います。

「うーん、特にないですね。無宗教かなぁ」

そんな曖昧な答えを聞いた外国人はびっくりするそうです。というのも、「信仰心を持たない人なんて信用できない」とか「宗教がなくてどうやって、正しいことを知ることができるのか」と思う海外の方もいるからです。

一方で、民族と宗教が密接に結びついている国々の人から見ると、「無宗教」だという日本人が、神社でお宮参りをし、キリスト教の教会で結婚式を挙げ、仏式で葬儀を上げる姿は、二重にびっくりされるかも知れません。

しかし、神道にとってはまったく矛盾しません。

神道、もしくは神道家にとっては、自分の信じる宗教があるとかないとかとはどちらでもいいのです。神を信じるとか、信じないとかということにすら、実はそれほど頓着しません。

信仰心の有無とは関係なく、ただ、そこに太陽があれば有り難いと手を合わせ、天地の恵みにも感謝し、米一粒もないがしろにせず、理屈を越えて、思わずただ深く頭を垂れるのみ……。

そして、人との交わりにおいては親切であることを美徳とし、「お互い様」と助け合い、称え合い、譲り合い、生かし合うという祈り合いの中に生きる。

これを日本人の美徳と呼ぶ声は世界中にありますが、神道がそのように「せねばならない」と教えたこともありません。

「神道は言挙《ことあ》げせず」という言葉があります。

あらゆるものが神だとの自覚があればこそ、誰かの神秘体験からの啓示や、特定の知識を絶対視せず、一人一人が感じとることを大切にするのです。

誰もが神なのであれば、誰かが得意になって訳知り顔に説法することほど、賢《さか》しいことはないと感じるのではないでしょうか。

だからこそ、神道には教義も経典もなく、教祖もいないのかも知れません。

排他的な組織もありません。神社には神主がいますが、神主は僧侶のように説教や説法はしません。人々は、教えを受けに神社参拝するのでもありません。好きな時に参拝し、気が向けば祭典に参加するのです。

日の本の民は、その神道を、強制もされず、戒律に縛られることもなく、自由に生きてきたのです。

「自然ながらにそうしてきただけ」

このような私たちのあたりまえの振る舞いの中にこそ、実は神道の本質が顕れているのです。

それでは、この日の本の、神道の世界観を見ていくことにしましょう。

創造主（ゴッド）とは違う日本の神々

神道の根本を知りたければ、やはり神典『古事記』の神代の巻に書かれた神話を読むのが一番です。いわゆる神話の中に、神道の根幹が述べられているのです。

この世界には、人知を超えた存在、宇宙、大いなる自然、目に見えない力などなど、神々の物語で始まる例は少なくありません。日本も同様です。

しかし、改めて世界を見渡してみると、多くの神話では、神がこの世界を「つくった」としています。

つまり世界の「創造主」としての神がいるのです。

創造主たる神は、自分の外側に「世界」を創り、人間を創り出したと伝えているのです。

では、我が国の神道ではどうでしょう。

神典『古事記』の冒頭にはこう書いてあります。

「天地《あめつち》初めて発《ひら》けしとき、高天原《たかまのはら》に成れる神の名は天之御中主神《あめのみなかぬしのかみ》」

世界の始まりを語っています。

天地が初めて発《ひら》けた時に、つまりは、宇宙が顕れたと同時に神が成ったのです。その名は「天之御中主神」。「天の中心の主宰神」という神です。「成った」というのは「生まれた」、「顕れた」、「出現した」ということです。

これが『古事記』の冒頭の一文です。つまり、神は天地（宇宙、世界）の始まりと同時に出現したのであって、神がこの世界を創造したのではないのです。

西洋思想では、完全無比なる創造主「ゴッド」が唯一存在し、この世界を創造したとされます。神は創造主であり、この世界は被造物なのです。そして、神が人間を造ったとするので、人も被造物です。神と人との間には明確な区別と対立があるのです。言い換えるならば、神と人とは全く別ものであるということです。

ところが、我が国の神道では、『古事記』の冒頭の一文に示されているように、天地と同時に神が生まれます。この後、次々と神が顕れ、そして、世界のあらゆるものが神から生まれていきます。人も神から生まれて、子々孫々、元《もと》つ始めの振るえが受け継がれていくのです。

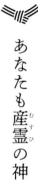

あなたも産霊《むすひ》の神

『古事記』には、神道の根幹を成す宇宙観、生命観が述べられています。

それは「一即多《いちそくた》」という考え方であり、在り方です。

宇宙と同時に顕れた（生まれた）天之御中主神は、天之御中主神という個であると同時に、全宇宙そのもの。そして、天之御中主神は、自らを八百万の神、数多《あまた》の生命、森羅万象へと表現していきます。

このように、全体と部分が同時に存在しており、個がそのまま全体を表し、全体はまた多様性に満ちた個であるという在り方を「一即多」といいます。

天之御中主神はまた、宇宙を生成化育《せいせいかいく》していこうとする「意志」であるとも言えます。しかし、ただ独り全体として存在するだけでは、そこに何の変化も生まれないことを始めから知っていました。

そこで、宇宙が無限に成《な》り生《な》っていくために、自らを全く異なる対極のエネルギーに表現したのです。それが、拡大のエネルギーを表す陽の神、高御産巣日神《たかみむすひのかみ》、凝縮のエネルギーを表す陰の神、神産巣日神《かみむすひのかみ》です。

この、無限の拡大（陽）と無限の凝縮（陰）という対極の異質のエネルギーの交流と交換により、宇宙が強烈に振動し、その千早振りの渦の中から、次々と神々が、生命が成り生っていくのです。

高御産巣日神と神産巣日神は、対極の異質のエネルギーでありながら、天之御中主神そのもの。

また、天之御中主神そのものでありながら、二つの異なるエネルギー。

この、同じではあるが、異なる二つのエネルギーの交流、交換が、生命誕生の法則、宇宙の発展進化と永遠不滅の理《ことわり》なのですが、この二柱の神は、互いに部分は部分でありながら、全体と同一であるという、まさに「一即多」の関係になっているのです。

それは陰陽二柱の神の名前の中に「産巣日《むすひ》」という言霊で示されています。

「むすひ」は、「産霊《むすひ》」とも書かれ、まさに「産み出すエネルギー」のことです。神道では、この発展進化、無限に弥栄《いやさか》えていくことを、「生成化育《せいせいかいく》」とも呼びます。

産霊とは、神の想いが具現化していくプロセスでもあります。さらに詳しく述べるならば、天之御中主神の「意志」を、高御産巣日神という「観念」と、神産巣日神の「具象化」によって、「生成化育」していくこととも言えます。

この産霊のはたらきは、全ての存在を可能ならしめる力であり、愛そのものです。それは、未来永劫に続いていく、弥栄《いやさか》なる（＝いよいよさかえる）神々の振るえです。

あらゆる生命は、この産霊《むすひ》の作用・はたらきによって、まさに産霊《むすび》出され、無限に成り生っていくのです。そして私たちもまた、産霊のはたらきによって生まれた神であって、神によってつくられた被造物ではないのです。宇宙を生成化育していく天御中主神の意志を分け持った、一柱の産霊の神なのです。

神は「はたらき」である

無限に成り生っていく神は、「生成化育のはたらき」そのものです。さらに煎じ詰めて神を一言で言うならば、「はたらき」です。

そう、神とは、宇宙のはたらき、自然のはたらき、生命のはたらきのこと。

「はたらき」とは「傍《はた》を楽にすること」、つまり「自分以外の何かに仕えること」、「他者または宇宙への奉仕や貢献」のことです。

神々は決して「私利私欲」にもとづいて行動していません。神々は、天地開闢《てんちかいびゃく》以来未来永劫、全て世界のため、宇宙のために、数多の弥栄のために、まさに「傍を楽にする」ためにのみ、はたらいておられるのです。

これが神は「はたらきである」というゆえんです。

神典『古事記』では、天地開闢後、まだ何もかもが形をなしていない状態の時に、伊邪那岐神《いざなきのかみ》と伊邪那美神《いざなみのかみ》は天の神から、次のように命じられます。

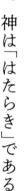

「この漂える国を、修理《おさ》め、固《かた》め成《な》せ」

この「修理固成《しゅりこせい》せよ」という命《みこと》は、
「いまだ形なき世界を修理固成《おさめかためな》し、さらに霊的波動を高め、宇宙を弥栄に発展させ続けよ」
という意味です。

この神々の想いを受け継いだ伊邪那岐命と伊邪那美命は力を合わせ、国を生み、神を生み、自然界のあらゆる生命を生んでいきます。さらなる宇宙全体の弥栄のために、漂える国（未完成の地球）を、生命溢れる美しき星として、生命の表現場として、修理め固め成していったのです。

この神々の「はたらき」は「終わりなき道」であり、もっともっとさらなる完成へ向けて、たゆまず努力精進していく道なのです。

これこそが生成化育の神の御心であり、神々の子孫である私たちにも、この「はたらき」は、世代を超えて脈々と息づいているのです。

だからこの日の本の民は、ただただ、一所懸命、弥栄のため、傍を楽にするために、心を砕いてはたらいてきたのです。

そのはたらいている姿そのものが、神の顕れに他なりません。

この「はたらく」想いはまた、神の「まこと」でもあります。

「まこと」とは、何とも清々《すがすが》しき、明き心持ちの現れのことであり、善悪の二元論を超えた、ただただ、天晴れたる、生命の振るえのことです。

その「まこと」を尽くし、誰もが互いにできることをするのが、神ながらの道です。

互いにまことを尽くすから、お互い様なのです。

助け合い、生かし合い、祈り合い、称え合い、感謝し合う……。これこそ神々の想いであり、神々の私たちへの願いであり、そのまま、神から生まれた私たちの、振るえでもあるのです。

宇宙は
天地開闢《てんちかいびゃく》以来
決して止むことをせず
前に前に進んでいる
神々のおはたらきも同じにて
休むことなく
その千早振《ちはやふ》りは
弥弥《いよいよ》栄えゆく
私たちもまた
同じにて

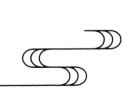

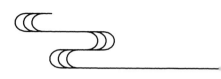

今　今　今を

前に前に

そう・・・

この生命の
勢いをもって

息し　生き

行き着くまで
生きるのです

美しく、清らかな産霊《むすひ》の心

全国の神社で唱えられている大祓詞《おおはらえのことば》の冒頭には、「皇親神漏岐神漏美《すめらがむつかむろぎかむろみ》」という言葉が出てきます。

「皇親」と書いて「すめらがむつ」と読みます。その音が示すのは、「澄睦《すめむつ》」、分かりやすく言えば「清く、睦まじい」ということです。

神漏岐《かむろぎ》とは、高御産巣日神（または伊邪那岐命《いざなきのみこと》）のことで、神漏美《かむろみ》とは、神産巣日神（または伊邪那美命《いざなみのみこと》）のこと。つまり、私たちの祖神《おやがみ》です。

「高御産巣日神や神産巣日神（または伊邪那岐命や伊邪那美命）」は、「澄睦《すめむつ》」であり、「清く、正しく、睦まじい心」を持つということを示しています。

また、「すめむつ」という言葉の中にある「むつ」。これは、産霊《むすび》に通じる言葉です。

睦《むつ》みとは、仲良くするという意味であり、それは生かし合い、助け合い、育み合い、親しみ合うことです。

これら祖神の産霊のはたらき、「清明正直《せいめいせいちょく》」なるその徳は、当然のことながら、神の子である私たちにも受け継がれ、貫かれているのです。だからこそ私たちは、産《むす》子《こ》、産女《むすめ》なのです。

神も人も仲良く、また家族も仲良く、和して睦み合うから正月のことを睦月と言います。赤ちゃんのオムツを褓《むつき》と言いますが、生まれたての命を育み守ろうとする想いが込められた「睦《むつ》き」でもあります。

つまり睦《むつ》みとは、私たちの命と命を結び、生かしている、美しく清らかな産霊《むすび》のはたらきそのものなのです。

この産霊と睦みのはたらきは、まさに我が国の文化に息づいています。

私たちは罪など背負っているはずがない

このような我が国の在り方は、キリスト教など、創造主が世界を創ったとする父性原理の社会とはとても対照的です。

聖書の神は、厳しい神であり、罰する神であり、契約する神でもあります。分析的で論理的であり、神と人との関係は条件付きの契約関係のようなものです。神と宇宙は始めから分離対立しており、人もまた、神から創られたが故に、人と神とは別の存在なのです。

このような世界観・生命観の中には、創った完全なる神と、創られた不完全な私たちという関係性があり、当然の如く、善か悪か、光か闇か、正しいか間違ってるかなどの、対立概念が存在します。

ところが、我が国の神と人との関係は、母親が子を無条件に愛するが如く、子が母親を無条件に慕うが如きものです。つまり神は私たちを無条件に愛し、私たちもまた神に無条件の感謝の祈りを捧げるのです。母性的であり、精神的であり直感的です。

生成化育という神の想いは、善悪という対立概念を超えており、清明正直なる天晴れた産霊のふるえが、全《まった》き善として、宇宙に鳴り成っていっているのです。

私たちも、その祖神の全き善の振るえから生っている故、かの西洋思想の様に、生まれながらの罪など背負っているはずがないのです。

神から生まれた私たちに、罪などあろうはずもなく、従って、救済するという概念も、人を律するための戒律も罰もないのです。

このように、神は宇宙と共に顕われ、森羅万象悉《ことごと》く、宇宙の生成化育と共に産霊《むすび》出《だ》され、無限に展開していくという世界観、生命観の中には、対立概念はありません。

宇宙生成進化と共に
無限に進化生成していく我に感謝す
その感謝三昧が
宇宙をさらに輝かせ
その光明を賜りて
我はまた
より我となりて
宇宙に奉仕していくのです
あぁ・・・
この祈り合い捧げ合いの衝動は
天地《あめつち》初めの時より
この胸に携えてきた
永遠不滅の
根源のふるえ・・・

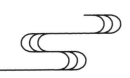

神道に善悪正邪の区別なし

神ながらの道には、先ほど述べたように対立という概念がありません。神は善悪正邪の区別をせず、何ものも裁かないのです。

善と悪も正と邪も、表と裏の関係に過ぎません。

何故なら森羅万象、物事の全てに表と裏があり、善と悪も表裏一体のものだからです。善も悪も「一即多」です。完全なる神の世界の一面を善と言い、もう一面を悪と言うだけのことです。

だから、善を肯定し悪を否定することは、善を否定し悪を肯定することと同じです。

善と悪、正と邪、清と濁、光と闇などの両極を、しっかりと照らして見ることはとても大切です。

古来、この日の本の人々は、

「悪は栄えいく肥やしであり、善の源なる故に憎むべからず」

「善はまたこだわりでもありて、悪に変化する故、捉われるなかれ」と言って、善悪正邪を越えた道を歩もうとしてきました。

自分は善であり、他人は悪であると裁くことで争いが生まれるのです。

善とか悪とかの対立を越えて、水に流して、浄め浄めて、対立を無対立にしていく工夫を重ねていくのが神道、神ながらの道なのです。

「浄め」とは、「争いを水に流していく」こと。善も悪も和して融かしてしまえば、全き光の、生命の水に戻るだけなのです。

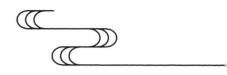

善事《よごと》と
禍事《まがごと》は

絶えず交互に
現れて

また善事かと
思えば

それは
善事にあらず

禍事かと思えば

それは禍事には
あらずして
それはまた
我が内にも
絶えず起こりて
故に
そのどちらも
我が懐に抱きて
どちらも囚われずに

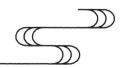

全《まった》き光として
ことほいでいく
のです

対立を超える「真中《まなか》」のこころ

もちろん生きていれば、私たちは過ちを犯すこともあります。神典『古事記』に登場する神々も、過ちを犯す場面は多々あります。過ちを犯すことは、ある意味自然なことなのです。

過ちを犯したら、それに気付いて大反省し、出直しやり直して生き直しをする。悪しきことと思われることが起きたら、それを親神様からの戒めとして受け止めて出直す。本来の清明正直なる産霊《むすび》の在り様に戻ればいいだけなのです。

私たちは何かを克服し、乗り越えていく度に、より善へと、より嬉し楽しへと、より弥栄《いやさか》へと、岩戸開きしていくのです。

その上で、善きことが起きたら親神様に感謝して、さらなる宇宙の生成化育のために己れを捧げていくのです。

このようなどちらか一方に偏らない生き方こそが、この日の本の人々が好むところでした。

あたかも対立するかに見える善と悪、拡大と収縮は、まるで高御産巣日神《たかみむすひのかみ》と神産巣日神《かみむすひのかみ》のようなものです。対《つい》ではあっても対立ではなく、両者が同時に存在し、ともに補い合っているのです。まさに二つの力、遠心力と求心力とが相殺される点は、中心点です。

中心点こそ天之御中主神《あめのみなかぬしのかみ》。

そこは、まさに真なる空《くう》。真なる空こそ、神の力が顕れるところです。

故にこの日の本の人々は、丁度良い頃合、間合いというのを心得ていて、どちらかの極に偏らず、そのどちらも大切にして、「まなか」にあることを美《うる》わしとしていたのです。

「まなか」こそ天之御中主神であり、究極の原点なのです。

「まなか」を美わしとするのは、教義や法律や理屈があるからではありません。また、「ねばならない」というこだわりですらありません。善しも悪しも己れの糧として、ただ素に直るのです。天之御中主神に立ち返るのです。その時に、私たちの心は、さっぱりと天晴《あまは》れるのです。

古来、この日の本の人々は、人、動植物、鉱物、山川草木の全てを、そのはたらき一切を、神と称えてきました。それは、何もかも皆々、天之御中主神の現れとして、いよいよ栄えゆくものであるとの大自覚があったからなのです。「一即多」であるからこそ、目に見える対立を超えて、「まなか」の心を抱き、天晴れ！　と暮らしてきたのです。

だからこそ大和の民は、善悪の二元を超え、天晴れたる生命の振るえを全身で感じ、ただただ、一所懸命、弥栄のために、まことを尽くしてきたのです。

まこととは、天之御中主神から脈々と受け継がれてきた、天晴れたる生命の振るえであり、何とも清々しき、明き心持ちの現れなのです。

生命は
永遠の生き通し・・・
善もなく悪もなく、
清くあるということもなく
穢《けが》れるということもなし
寄せては返す
波の如くに
凝《こ》りては形となり
解《ほど》けてはその形を消す・・・

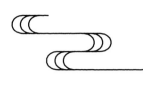

しかしてそれは
永久《とわ》の巡りにて
結びては開き
開いては結び
恵みて巡り
ただただそこはかとなく
ただただ　ふるえて
巡り愛《あ》いの音を
奏でていくのです・・・

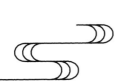

禍《わざわい》も弥栄《いやさか》も産霊《むすひ》の顕れ

善悪がないという話をしましたが、それでも生きていれば、辛いこと、苦しいこと、悲しむべきことなどに出会うこともあります。神道ではこういったことをどう考えるものなのでしょうか。

『古事記』を読むと、神々にも悲しい出来事や事件、嫌なこと、禍々《まがまが》しいことが起こります。しかし、神々は悲しんだり、怒ったりしても、いずれはそれを超えていくのです。

例えば、伊邪那岐命《いざなきのみこと》と伊邪那美命《いざなみのみこと》の物語。

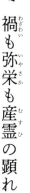

この二柱の神の数あるエピソードの中でも有名なのは、伊邪那岐命の黄泉《よみ》の国を訪問した件《くだり》です。

国生みを続けた伊邪那美命は、火の神を産んだことで死んでしまいます。夫である伊邪那岐命は、亡き妻伊邪那美命を取り戻したくて、黄泉の国を訪ねます。伊邪那美命との約束を破って、醜い姿の伊邪那美命を見た伊邪那岐命は、恐ろしさのあまり黄泉比良坂《よもつひらさか》まで逃げ帰ります。恥をかかされたと怒った伊邪那美命は、

「愛しい夫の命《みこと》よ、こうなったら、あなたの国の人間を一日に千人殺しましょう」

と言います。これに対して伊邪那岐命は、

「愛しい妻の命《みこと》よ、あなたがそうするなら、私はこれから一日千五百人生みましょう」

と応えたというものです。

『古事記』はさらりと書いていますが、ちょっと立ち止まって考えてみてください。「千人殺す」というのは、大変なことです。大禍事《おおまがごと》と言ってもいいでしょう。しかし、伊邪那岐命は、千人殺すのを防ごうともしなければ、禍々しい存在になった伊邪那美命を退治しようともしません。

問題視したり、抗ったり、対立したりということを一切しないのです。ただ、「千五百人生む」ことでその大禍事《おおまがごと》を超えていくと宣言したのです。

これはまさに弥栄えの祈りの言葉であり、よく味わえば味わうほど心がうち振るえます。

たとえそこに大禍事があろうとも、「とらわれない」。いや、「とらわれたとしても

超えていく」。この、何があろうと「災厄無視《さいやくむし》」し、「弥栄《いやさか》に天晴《あまは》れて超えていく」という在り様。これが神ながらの生き方なのだということを、このエピソードは教えてくれています。

私たちは日々の暮らしの中で、何度も同じような失敗をしてしまったり、対人関係において、いつも似たような人とトラブルになったり、ということがあります。

「どうしていつもこのような障害が起こるのだろう」と思うかも知れません。

しかし、それにはわけがあります。神ながらの道からずれた生き方をしているからなのです。本人がそのことに気づくまで、様々な局面で障害が起きます。

障害をきっかけにして、世界との不調和に気づくことができれば、今までよりも一層の魂磨《みたまみが》きをし、魂を成長進化させていくことになるでしょう。

つまり障害であっても、それは障害のように見えるだけのことで、実は神々のおはたらきなのです。だから我が国では古来より、障害や禍事のことを禍津日神《まがつひのかみ》と呼び、神様としてお祀り申し上げてきたのです。

森羅万象あらゆるものが神様であり、障害や禍事と見えることでさえも神様であるとして、天晴れて乗り越えていく。これが、「神ながらの道」です。

我が国神道の神々は
超越的完全無欠なる
神ではなく
また　このように行動せよと
強制的に命令する神でもなし・・・
人と同じで嫉妬もし闘争もし
そうして自らの在り様を示され
悪を善に転化美化していく
努力工夫の大事を
知らしめしておられるのです

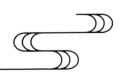

人を離れて神なし、神を離れて人なし

神道は、「神ながらの道」とも呼ばれます。

産霊つまり生成化育のはたらきと共に、祖先の親神に「神ならいする」こと。そして、神のように、神にならって、神さながらに生きていくということは、現世《うつしよ》に現《うつ》し身《み》を与えられて生きている人間が、その本来の姿である神に立ちもどろうとする生き方のことでもあります。

人の人たる所以は、人を「霊止《ひと》」と書くように、神の御霊《みたま》がとどまっている存在として、神の御光を顕現する存在だからです。

目に見える姿をもたない神は、人を通して具体的に現れます。

人を通じてそのお姿を顕すことのできる神の心は、人にとっての恵みであり、その恵みを受けて、私たちはこうして存在しています。だから、「人を離れて神なし、神を離れて人なし」というのです。

「神ながらの道」は、神々のように、宇宙の無限なる進化発展、弥栄のために、皆々仲良く助け合い、祈り合い、生かし合いながら、自分自身を捧げ、はたらいていく道。そしてまた、大宇宙、大自然、神、祖先、自分の親から自分へ、そしてその子どもへと、連綿と繋がっている道でもあります。

不自由な私であることの意味

「神ながらの道」とは、別の言い方をするならば、「天之御中主神の想いを体現しようとして生きる」ということです。天之御中主神の想いとは、宇宙の生成化育、飽くこと無き宇宙の創造進化です。

人の本質は、宇宙の根源神である天之御中主神の御霊《みたま》が産霊成《むすびな》した、分霊《わけみたま》であることはこれまでに何度も述べてきました。

私たちの深奥《しんおう》には、大いなる神そのままの、その御霊が鎮まっています。この、私たちが分け持つ御霊のことを「直霊《なおひ》」と呼びます。

私たちのこの身に限りはあれど、しかしてまたその身に直霊を宿した限り身《かぎりみ》という神でもあるのです。

つまり、直霊とは、言いかえれば私たち一人一人の本体のことで、いわゆる内在神です。

直霊とは、常に揺るぎなく、まるで太陽のように光輝いています。直霊は、「常に変わらずある」という意味では永遠不滅の存在ですが、同時に、常に成長し変化していく、つまり生成化育し続けるという意味では、常に変化する存在でもあるのです。

直霊は本来、自由自在なる輝《かがや》き身なのですが、では何故、制限された限り身の内奥《ないおう》に鎮まり、自ら不自由を体験しようとするのでしょう。

それは、あえて不自由を選択し、その不自由の中で自由を獲得していくプロセスを生き、己のさらなる生成化育を果たそうとしているからです。

本来、自在なる輝き身の直霊もまた、制限された限り身を通して自由を獲得していく時、もっと自在へと光り輝いていくのです。

自由を獲得していくプロセスとは、この限り身を通して、直霊が顕現されていくことに他なりません。

スポーツ競技のルールが、選手の行動の自由を制限するものでありながら、同時にその心技体を高めるのと似ているかも知れません。

私たちは敢えて、不自由で制限のある限り身としての我を、この現世《うつしよ》というフィールドで表現しているのです。

物質世界が生まれたのも同じことです。

天之御中主神は、高天原という光の世界の中に、伊邪那岐神と伊邪那美神を通して、敢えて重たい波動の物質世界（地球）を現しました。

この重たい物質世界が霊化され（波動を上げ）ていく時、もとの高天原の光は、さらに波動の高い精妙《せいみょう》なる光へと転化していきます。

この現世《うつしよ》という物質世界の波動を上げ、高天原の波動を上げることが天之御中主神の意図であり、その飽くことを知らない生成化育への意思によって、この限り身の我や、修理固成を要する物質世界が生み成されたのです。

一即多である故、己の直霊の更なる生成化育は、同時に、宇宙全体の進化発展への貢献でもあります。

つまり、私たちがこうして現世《うつしよ》に存在している意味は、限り身の神として、直霊を顕現させ、この物質世界を霊化し、更なる高天原の生成化育、進化発展に寄与していくことなのです。

直霊を顕現させ、そしてこの物質世界を霊化していくということは、何も大それたことをするということではありません。

詳しくは後で述べますが、日々を丁寧に、真心を込めて生きていくということに他ならないのです。

直霊《なおひ》・・・
それは
この生命の
根本実体・・・
天御中主神より発顕して以来
永遠不滅に数多の星を駆け巡り
その振るえの証《あか》しを宇宙に刻み
その誇りを　その誉《ほまれ》を
こうして久遠《くおん》を
貫いてきたのです
ゆえに　私こそ　あなたこそ
その誉と誇りの　光・・・

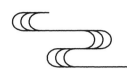

幸せは引き寄せるものではない

現代に生きる私たちは、「幸せになりたい」とか「幸せを引き寄せたい」などと語ることがあります。第1章で見た「引き寄せの法則」は最たるものです。しかし、この日の本の人々は、昔から「幸せ」というものを求めて生きてきたのでしょうか。

この章の冒頭で「神道は言挙げせず」という言葉があると述べたように、神道では、他の宗教のように、「これが幸せだ」、「そのために何をしろ」、「何をしてはいけない」といった明確な教えや戒律はありません。

しかし、あえて神道で「幸せとはどういう状態か」を例えるとしたら、「弥栄《いやさか》であること」と言えるでしょう。

「弥栄」とは、永遠に限りなく、ますます栄えるということ。生命力そのものであり、晴れやかで、エネルギーに満ち溢れ、明るく、堂々として栄えゆく状態です。

「幸」はまさに「幸い《さきは》」であり、喜びであり、花が咲き誇る「咲《さ》き栄《は》う」状態を表した言葉であり、まさに「弥栄」です。それはまた、生命、物や事が次々と生まれ、咲き栄え、巡り変化しながら延々と続いていく、生成化育の姿です。

その生成化育の中で、ともに喜び、互いに感謝し、明るい笑顔で、晴れやかにある時、人はそれを天晴れた状態と感じ、「あっぱれ！」と言うのです。

神々は、その晴れ晴れとした心地よさと、喜びに満たされてはたらかれているのです。神の分霊《わけみたま》である人も、神に倣《なら》って、生成化育のためにはたらき、弥栄であろうとすることが、喜びそのものなのです。

このように、「幸せ」とは、引き寄せたり、得たり、もらったりするものではありません。他に向けた愛や感謝の思いの中から、自然ながらに溢れ出してくるものなのです。

永久《とわ》を
織りなし
ながら
駆け抜けて
きた
魂の誉れは
誰かを

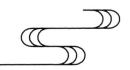

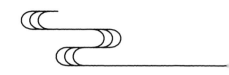

恋し
はじめた
時の

歓びと
切なき痛み
のように

こうして
胸の疼き
として

熱く静かに
振るえる

それはまた
永遠を
紡いでいく
調べと
知るゆえ

私は

この
胸の疼きと
ともに

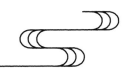

私の生命を
ときめかせ
ていくのだ

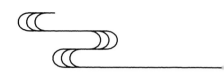

第三章

あなたはすでに引き寄せの道を歩いている

これまでに、古来日本人は、自らが「神から生まれた神」であり、日々の暮らしは直霊の顕現なのだということを知っていたということを見てきました。すでに神である私たちは、敢えて何かを引き寄せようとする必要があるのでしょうか。

直霊が顕現した、自他一体、宇宙即我の在り様は、言即事《ことそくこと》、想念即具現の神ながらを、そのまま生きているとも言えるのです。

本章では、いにしえより、この日の本の民が大切にしてきた、日常生活の在り方や伝統的な習俗、その心と形を見ていきながら、そこに息づく「神から生まれた神」としての生き方を、確認していきたいと思います。

この世は「神なる世界」である

さてここで、この世界のことをもう少し述べてみたいと思います。

神ながらの道では「物心一如《ぶっしんいちにょ》、顕幽一致《けんゆういっち》、霊肉一体《れいにくいったい》」を旨とします。

すなわち、目に見えるものと見えないものは、どちらが先でも後でもなく、裏と表でありながらもまた裏と表でもなく、常に立ち替わり入れ替わるように巡りながら、そして、同時に存在するのです。

ところが、スピリチュアルなことが大好きな方の中には、霊的な世界のみを大事にし、日常生活をないがしろにしてしまう方もいます。結果として、生活のバランスを崩したり、身近な人間関係をおろそかにしてしまったりということもあるかも知れません。

しかしながら、神ながらの道では、「物心一如、顕幽一致、霊肉一体」だからこそ物質世界をおろそかにはしません。むしろ、物質世界も尊きものと考えます。

日々の出来事は、たとえ些細なことであっても神の業《わざ》なのです。この現実界《うつしよ》を修理固成していく、高天原の神々の大御心の顕れに他なりません。

当然、私たちもまた、神から生まれた神である故に、大御心の顕れです。

つまりこの世界は、「神なる世界」そのものなのです。

働《はたら》くとは、傍《はた》を楽にすること

第2章で述べたように、神々のおはたらきは「生成化育」「修理固成」のはたらきであり、それは神の本質です。そしてその神業《かむわざ》は、私たちの働きにも現れています。

「え？　どうして私たちの働きが、神のおはたらきだなんて言えるの？」と、まだ疑わしく思う方もいることと思います。

最近では、「働く」のは「嫌なこと」、「面倒なこと」と感じる向きもあるようです。「労働は義務だ」とか「ブラック企業に搾取されるだけだ」とか、ネガティブな印象を持つ方もいるかも知れません。

実際、西洋から日本に個人主義が入って以来、自由競争、優勝劣敗、弱肉強食など、個人の幸せのみを追求する風潮が強くなっていきました。

最近の企業では成果主義経営が流行し、ギスギスした職場が増えました。国を挙げて、社員の流動性を高める政策などが実施され、全体を考えるよりも自分の身を守ることの方が大事になってしまっています。だから、現代において「働く」ことは、少しも神業ではないではないか、という気持ちも分からなくありません。

しかし、少し前まで、社員は家族だという考えは日本人にとってなじみ深いものでした。

社会に出ることとは、会社という共同体に入ることでした。共同体の中に入れば、その共同体全体の繁栄のために一所懸命働いたのです。だから、先輩は後輩の面倒を見、後輩はその経験をそのまま後輩に伝えていったのです。

近江商人が「売り手よし。買い手よし。世間よし」の「三方よし」を商売の心得として大切にしてきたのは有名な話ですが、これも常に全体の弥栄を願い、生かし合い、助け合うことをよしとする考え方なのだと思います。まさに、神のはたらきのあらわれに他なりません。

自分だけが儲かればよいという奪い合い、潰し合いこそがビジネスだとする考えは神のはたらきとはかけ離れたところにあるのかも知れません。

また、これはビジネスに限ったことではなく、教育や研究活動、ボランティア活動、PTA活動や毎日の家事などにも通じています。

いずれも誰かのため、周囲のため、未来のために行う仕事であり、まさに「傍《はた》を楽にする」ための在り様ですから、神々のおはたらきと同じ。この世界を修理固成していく、高天原の神々の大御心の顕れに通じています。

だから、私たちの日々の務めも、また神業と言えるのです。

日々の「はたらき」は「神のはたらき」故に、私たちは互いに礼を言い、感謝を伝え合います。「はたらく」とは、神々の息吹との呼応であり、己が直霊《なおひ》を輝かせることなのです。

その本質が分かると、あらゆる出来事と私たちの命の振るえに、感謝と喜びを表さざるをえなくなります。それ故に、古来私たちは「働くこと」を「美徳」と考えてきました。

今居るところ、今していること、今の関わり、今の仕事を分相応として、うれし楽しで面白く暮らせば、その心は天の心にして高天原です。

朝夕に感謝して働き、全てを神の如くに敬うものは、自ずから天の徳に叶い、天の禄備わり、すでに、「引き寄せの法則」を生きているともいえます。

その神はからいに感謝し、さらに美しく、弥栄の実現に向けて、努力し、工夫していくのです。己の行いの中に真心を込めて、一所懸命、最善を尽くすことが、神ながらに「はたらく」ということ。それはそのまま、神意なのです。

欠乏感にもとづく「引き寄せ」を願うよりも、健やかに日々の務めを果たしていくことの方が、肝要なのです。

神ながらの道は
修理固成の道であり
完成に向けての道
しかしてそれは
終わりなき道であり
より完成へ向けて
弛まず
努力精進して
いく道

これこそが
生成化育の
神の御心であり

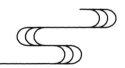

ゆえに
この日の本の民は
勤勉精進を
尊しとしてきたのです
それが弥栄

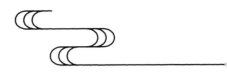

より良く、清く、美しく

「日本人ほど、清潔好きな民族はいない」と評されることがあります。

外国から来られた方は一様に「街がきれい」とおっしゃるようです。

そのとおり、古来より日本人は清浄を旨としてきました。

例えば、「朝は顔を洗う」ことから始まります。

顔を洗わなければいけないといった規則があるわけではありません。顔を洗わないと気持ちが悪く、洗えば気持ちが良いのが自然なことだからであって理屈ではないのです。

朝、顔を洗うのは、毎日を新たに生き直す命を祝し、清々しく一日を始めたいからであり、それは、私たちの生命の、自然ながらの発露です。

顔を洗って晴れ晴れとした心持ちで神棚に手を合わせ、家族と挨拶すれば、その顔はまさに面《おもて》から光が差しているかのように、「面白く」あるのです。

真冬であっても冷たい水で顔を洗ったり、水を全身にかぶったりすると、心身をスッキリと引き締めます。それは天晴《あっぱ》れと日々を過ごそうという気持ちがあればこそ、実践してきたこと。

同様に「朝日を拝む」ことも、古来、多くの日本人が当たり前のように行ってきた習慣の一つです。

毎朝、昇る太陽の御光を仰ぎ見て、有難いことと感謝し、拝んできました。日の大神、そしてその延長でおわします、天皇様（スメラミコト）の御光を仰ぎ奉りながら、恥ずかしいことはせぬよう、一所懸命生きようと、真心と共に、日々新たに誓いをたててきたのです。

そうすることで、晴れ晴れと気分が張って躍動し、気合いが入り、イザ！　と、伊邪那岐神《いざなきのかみ》と伊邪那美神《いざなみのかみ》の御心にて、今日一日を仕え奉る……。これが、日の本の、一日の始まりです。

清く、美しくあることは、心地が良いこと。

世界の思想の中には性悪説というものもありますが、神道は、あえていうならば性善説です。私たちは生まれながらに真善美を携えています。神から生まれた私たちは、清く、明るく、正しいのが、その本性ですから、そうでないと心地悪く、清らかでありたいと思うのが自然なことなのです。

住まいや仕事場など、身の回りをきれいにしておくことも、脱いだ靴を揃えることも、家に上がる前に埃を払い、足を濯《すす》ぎ、寝る前には1日の埃や汚れ、そして疲れをお風呂で洗い流す。埃や汚れが、気持ちをだらけさせ、直霊を曇らせることを、無意識のうちによく知っているのです。

常に清々しい清浄なる状態にしておくこと、我が身を美しくしようとすることは、生命に対する感謝の行為でもあり、存在していることへの返礼でもあるのかも知れません。

〝かたち〟を大切にする日本人

美しさのひとつに「かたち」があります。

日本には、礼儀作法や型、形を重んじる文化がありますが、伝統的な作法とされている型も、もとは美しき心、道の心、尊い想いがその「かたち」の中に込められて、作られたものです。

そこには、自分だけでなく、相手や周囲の人々が気持ちよく清々しくいられるようにという思いが込められています。

人前に出る時に身綺麗に整えることや、所作を美しくすることも、相手への礼儀。その礼儀そのものも、美しき心が所作や形となったものと言えるでしょう。

例えば、人に物やお金を贈る時、熨斗《のし》や水引《みずひき》を添えることがあります。

「熨斗」は、かつては長寿をもたらすとされたアワビを押し伸ばしたもの。神饌《しんせん》として古来より縁起物として使われてきたものを、贈り物をする相手の方に、お互いますます栄え、広がりますようにと思いを込めたものに由来します。

「水引」は、水の清めの象《かたど》りです。水による清めで、美しく、結び＝産霊《むすひ》の和合の祈りを込めています。

玄関に生花を飾るのは、外から入ってくる邪気を、植物（青物）の持つ祓いの力、霊力にて清めるためでもあり、玄関に紺暖簾《こんのれん》を設けるのは結界でもあり、紺（青）と藍の植物の祓いの力にて、人はそこを潜る度に祓い清められていくのです。

また、畳の井草は部屋の空間を常に清浄にしてくれています。

このように、私たちの日常には、神道の禊祓《みそぎはら》えの在り方が、当たり前のように浸透し、私たちは清く美しく生きようとしてきたのです。

日本では、行儀・作法などの躾《しつけ》は、繰り返し行うことで身につけてきたものです。

武道の型稽古も、茶道、華道、神道の祭式作法や行法も、儀式的な舞も、型を一心不乱に繰り返すことが奨励されます。

型を一心不乱に繰り返すことで、稽古する者の心の中から余計な考えが消え去っていきます。賢《さか》しらに考えようとする自我が小さくなります。

型通りに動けないが故に、自分の好きなように動きたいという我儘な自分、ちっぽけな我を手放しながら、型に込められた本来の姿を知り、本源への道に進むことができるというところに型稽古の妙味があるのです。

型を繰り返し繰り返し練習するというのは、伝統芸能や武道の稽古に限ったことではありません。小賢しい理屈を探したり、合理的な方法を探すのではなく、ひたすらに型をなぞることで「その道のこころ」を知っていく……。これも先人の知恵だったのです。

型という制限された不自由な世界から、真なる自由を獲得していくのです。

それはまた、幻想や小賢しい己や油断を一切介入させない、厳格なる規律の中で、鎮魂し澄み切り、場と神と、宇宙との合一を歩んでいく術《すべ》でもあるのです。

無秩序な自由は、楽しいかも知れませんが、そこに神は顕れません。

清明正直
なる
誠《まこと》の心は
また
真《まこと》の形を
求めるもの
真《まこと》の心が
顕れた
ものが

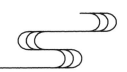

形ゆえ

形を
疎かにする
者は

心

そして
神を疎《おろそ》かに
するも同じ

神への
想いは
自然と
誠の美しき
礼法として
顕れる
のです

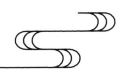

美しき言葉こそ創造の息吹

私たちが使う「言葉」もまた、美しき神の御心の顕れです。

伊邪那岐命、大国主命というように、神のことを「命《みこと》」＝「美言《みこと》」といいます。言葉とは本来、神の「美しき顕れ」であると共に、神そのものでもあるのです。

神典『古事記』の冒頭に、「天地《あめつち》初めて発《ひら》けしとき、高天原に成れる神の名は天之御中主神」の一文があります。この〝成れる〟の〝成る〟はまた、「生《な》る」でもあり「鳴る」でもあります。

すなわち、この宇宙に最初に現れた天之御中主神も音であり、このあと生まれてくる神々も、あらゆる命も音なのです。

宇宙は音そのものであり、その音の振動と共に生り成っていっています。

この音は、神々の意志のふるえであり、神の息吹です。

そして、それは呼吸であり、風でもあるのです。

風は生命であり、その風を吸い込み、それは「言霊」となって私たちの生命を振るわします。私たちはオギャーとこの世に産まれる時に、神様から風をたまわり、その言霊と共に、宇宙を創造していくのです。

一切のものを創造し、常に生成化育、あまたを養っていく神より賜いし言霊故に、私たちは、人を傷つける言葉や愚痴ではなく、また、「俺が」「私が」の〝我〟の言葉ではなく、和らぎと喜びと、ときには厳しさと、その〝ことほぎ〟の言葉を大切にしてきたのです。

生成化育のはたらきによって生じる「事（こと）」は「御言（みこと）」であり、「美しい事」であり、これもまた「美事（みこと）」と言うのです。

美しき言葉とは、この生成化育のはたらきそのものを褒め称え、言祝ぎ、祝う言葉でもあります。

日本人は言葉（こと）と事実（こと）を一つとして、言祝ぎの中に生きてきたのです。

例えば、「おめでとうございます」という言葉は「お芽出とう」であり、まさに新しい芽が芽吹き伸び栄えゆくが如く、弥栄を言祝ぐものです。

正月に「おめでとうございます」と挨拶するのは、年が明けた事実を喜び、同時にこれから起きる新しい一年が良い年になるであろうことを言祝ぐものですし、結婚、誕生、入学等々、新しい始まりと、更なる弥栄えを言祝ぐ時に、この言葉を発しているのです。

その反対に生成化育を止めること、逆らうことは禍事《まがごと》であり、そのような言葉は忌み言葉と言われてきました。

結婚式で「閉じる」「重ねる」、受験生に対して「落ちる」という言葉を使わないのは、それが忌み言葉となるからです。

お目出度い席で忌み言葉を使わず、会の終了を「お開き」と言うように、明るく、前向きで、天晴れた状態を表す言葉に言い換える日本人の習慣は、その場にいる人に不快感を与えないようにしようという気配り、思いやりでもあるのです。

大和の国は皇神《すめかみ》の厳《いつく》しき国言霊の幸《さき》はふ国（山上憶良）

磯城島《しきしま》の大和の国は言霊の助くる国ぞま幸《さき》くありこそ（柿本人麻呂）

このように、万葉の時代から我が国は「言霊の幸はう国」、「言霊の助くる国」と呼ばれてきました。この国は「神の息吹で満ちあふれた美しい国」、「神の息吹に助けられている国」であるということです。

そう、私たちは、霊《ひ》の本の国の、霊子《ひこ》、霊女《ひめ》として、言霊のふるえと共に、生きてきたのです。

感謝が満ち溢れている日本の言葉

先に挙げた「おめでとう」という言葉と同様に、私たちが日常的に使っている挨拶の言葉、「ありがとう」「いただきます」「おかげさまで」「ごめんください」「つまらないものですが」などにも、神のおはたらき、言霊が息づいています。

「ありがとう」

「ありがとう」は、「有り難う」と書きます。

そこには、「普通」、「当たり前」と思ってることが実はそうではない、奇跡の一つひとつなのだという考えが込められています。

目の前の現実が、有り得ないこと、有ることが難しいことというほどの奇跡であり、神のはからいがその場に出現したことに対して、感謝の意を表明する時に口にする言葉です。

もちろん、英語の「thank you」のように、目の前にいる「あなた」に対する感謝を伝える時にも使いますが、日本人は目の前に誰もいなくても、この言葉を用いることが多くあります。

今、自分が置かれている状況、生かされている喜びを感じた時、その奇跡に、思わず口から迸《ほとばし》り出る「ありがとう」という言霊。うれしい、幸せだと感じた時に、宇宙、神々、自然、人など全てのコト、モノに対する、感動感謝の言葉なのです。

そもそも宇宙のはじまりそのものが、有り得ない奇跡だったのではないでしょうか。天地開闢と共に顕れた天之御中主神。自らの意志をもって顕れたこととはいえ、きっとそれは当たり前のことではなく、天之御中主神ご自身がその奇跡に驚嘆、歓喜し、自らを言祝ぎ、その感動と感謝の打ち震えは、宇宙に鳴り響いていったに違いありません。

天地開闢に始まり、いまここに存在する世界は、奇跡的な生成化育の連続によって生り成ってきたのです。私たち日本人は、その生成化育の奇跡の打ち振るえを「有り難い」こととして、「ありがとう」と表現してきました。

頭を垂れて「ありがとう」と口にする度に、目の前の出来事を天地開闢以来続く、生成化育の奇跡に重ね合わせて喜び、言祝《ことほ》いできたのかも知れません。

「おかげさま」

私たちはしばしば、会話の中で「おかげさまで」という言葉を使います。

「あなたのおかげで」のように、特定の誰かに何かをしてもらった時にも使いますが、むしろそうでない時にも使います。

我が身に善き事が起きた時にも「おかげさま」、病気が快癒したのも「おかげさま」、無事でいることも「おかげさま」というわけです。

「おかげさま」は、お陰様、お蔭様と書きます。文字通り、影に隠れて見えないものに対する感謝が込められている言葉です。

「目に見えるお陰より見えぬお陰、知ったお陰より知らぬお陰」という言葉もあります。

今こうして自分が在ることや、今、起きていることは、目の前の人のみならず、あらゆる人々、あらゆる生命、天地自然の恵みによるもの。

それはまた奇跡であり、だからこそ有り難く、だからこそ感謝と共に、思わず迸り出る言葉が、「おかげさま」なのです。

「いただきます」と「ごちそうさま」

「いただきます」という言葉には、自然のめぐみ、命をいただくことへの感謝と教えられた人は多いのではないでしょうか。

また、「いただきます」には、貴いものを貴いものとして扱うために、「頂く」という、額《ひたい》よりも上に掲げる動作を表しています。

食に限らず、何かモノやコトを受け取った時、これを貴く、尊いものと認識し、その感謝を表す言葉なのです。

「ごちそうさま」にも、目の前に並んだ食物を育て、採ったり、獲ったりしてくれた方々、それを運んでくださった方々などの「馳走」に対するお礼の言葉と言われています。

これも、目の前で食事を提供してくださった人にだけ伝える言葉ではありません。目に見えない、多くの人々への感謝が込められています。

このような、食事の前後に挨拶の言葉があるのは、日本ならではのことで、世界的にはとても珍しいことのようです。

「ごめん」

「ごめんなさい」、「ごめんください」などと使用する「ごめん」とは「御免」と書きます。「免」とは、許可する、許すという意味であり、「御免なさい」は、失敗や過ちを赦してもらいたいという時に謝る言葉として使います。

ただ、私たち日本人は明らかな過ちの時以外にもよくこの言葉を使っています。例えば、前を横切る時、中座する時、何かちょっとしたお願い事をする時など、日常的に使用している人も多いのではないでしょうか。

これは、単に会話やその場を円滑にするためのクッション言葉のようにも見えますが、その根底には、相手への慮《おもんぱか》りが込められているのです。

「ごめんください」という言葉を使う場面を思い浮かべていただくと分かりやすいかも知れません。語源は同じですが、こちらは、「これからもしもあなた様の面前でご無礼があったらお許しください」、「これにて退出することをご容赦ください」という意味を込めた、訪問や辞去などの際の、相手を気遣う言葉です。

つまり、勝手を許して欲しいという意識には、相手の方に心地良くあって欲しい、全体の調和を乱さないようにしたいという配慮が前提にあるのです。我良し相手良し全て良しという三方良しという在り方です。

会話の途中で自分の意見を言う前に、「ちょっとごめんなさい」「僭越《せんえつ》ながら」「勝手ながら」「すみませんが」などと言ったりすることがありますが、これらも相手を思いやると同時に、角が立たないようにしよう、互いの関係を良いものにしようとするものです。

人さまに何かを差し上げる時に使う「つまらないものですが」という言葉にも、その思いは込められています。その土産物そのものの価値がつまらないのではなく、どんなものであっても、貴いあなた様への感謝の気持ちに代えることはできないけれど、受けとっていただければ嬉しいですということであり、そのものの価値を見下しているわけでもありません。

謙遜とは卑下することではなく、相手に喜んでいただくために、自分の行為は殊《こと》更《さら》、主張はしないということです。

これらの事は、仲良く睦まじく、平和で穏やかに、円満であろうとする神道の考え方の上に自然に育まれ、磨かれてきた日本人の知恵といってもいいかも知れません。

このように日本人の挨拶の言葉には感謝と思いやりが溢れています。

日常生活の中で当たり前のようにしているほんのちょっとした気遣いを大切にし、自分がいただく幸せを「有り難いこと」として受け取り、どんな小さなことにも感謝するという習慣は、心を豊かにします。

人に喜んでいただくことを我が喜びとし、そのような時に、自分自身が感じる清々しい気持ちこそ、天晴れた状態なのです。

この日の本の言葉には、その気持ちがすでに現れているのです。

神ながらの道とは
神のみこころの道・・・

それは美心《みこころ》でありて
私たちもまた
美しき心を形に表すように
お互いに頭を下げて
敬意を表し
食べ物にも
己が扱う道具にも
感謝と共に頭を下げるのです・・・

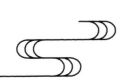

内なる神の声を聴く

さて、目に見える形や言葉、行いの根底にある、清く美しくありたいとする思いは、日本人の様々な考え方や在り方にも現れています。

例えば、反省を促す時などに、「胸に手を当てて考えてみなさい」と言うことがあります。

これは、第2章でみたように、私たちは誰もが胸の内に、天之御中主神の分霊《わけみたま》である直霊を宿しているので、その己自身の内なる神に聞いてみなさいという意味なのです。

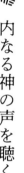

善いことをした時には気持ちが伸び伸びと晴れやかですが、道から外れたことをした時は、誰が見ていなくても自ずと恥ずかしいと感じ、我が心で我を責め、気分も身体も萎縮するものです。

この内なる神はまた、外なる神でもあります。それ故、「胸に手を当てて聞いてみなさい」と言うのと同じように、「お天道様が見ているよ」とか「お天道様に顔向けできないような恥ずかしいことはするな」と言うのです。

これらのことは、私たちが、神から生まれた神であり、神が人となって顕れているという、大前提に基づくものに他なりません。

「足るを知る」という言葉には、必要以上の物を欲張らない、与えられた場所で精一杯生きるという考えが込められています。

日々の報恩感謝、日々の禊祓い、日々の勤めを笑って果たしていけば、何かを変えてやろうとか何かを引き寄せてやろうと足掻《あが》かずとも、自然ながらに全ては整い、神人和楽の良縁が、神ながらに無限に結ばれ、現れてくるのです。

そして、「人事を尽くして天命を待つ」という言葉もあるように、至誠を貫き人事を尽くしたあとは、神ながらに神徳が現れるのを待てばよいのです。人事を尽くすということは、自らの足で立ち、自らの足で歩むということであり、生かされて活きるという、生活の実践をなしていくことです。

「生かされて活きる」というその在り方の中にこそ、神のおはたらきやお蔭は顕れるのです。

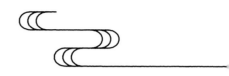

この世に

吉凶なかれ
ども

あえて

吉凶と
名づける

ものあると
すれば

それは皆

己れが
招くところ
なり

神ながらで
あれば
万事成り

そうで
なければ
万事破れる

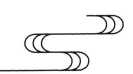

己れの
在り様が
修理固成《しゅりこせい》の
弥栄に向いて
いれば
吉凶を
超えて
日々是《ひびこれ》
好日《こうじつ》なり

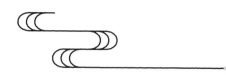

生きていることが、そのまま「祈り」

これまで何度も述べてきたとおり、何か特別なことをしなくても、人が人としてこの世に生まれ、人として生きることが、神として生まれ、神として生きるということ。神になろうと考えたり、幸運を引き寄せようと無理に頑張る必要はありません。日々の暮らしを大切に、丁寧に生きることが、神の顕現となるのです。

神ながらの道では、「今」を「永遠の中今《なかいま》」と呼び、大切にしています。日常とは、この「今」の積み重ねに他なりません。永遠に続く時間の中にある特別な時が「今」であり、常に私たちは「今」にしかいません。常に、今、今、今と生きているのです。

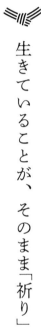

今日、この一瞬を永遠の中今と捉え、精一杯、一所懸命、最善を尽くして生きていれば、あらゆる目の前の出来事に奇跡を感じるはずです。日々の暮らしの中に神を見出し、「ああ、有り難い」と、深々と頭を垂れたくなるに違いありません。

そして、さらに美しく、弥栄の実現に向けて努力し、工夫し、己の行いに真心を込めて、一所懸命、最善を尽くすことは、言葉に出さずとも、それは感謝の表現となるのです。

そのような生き方は、天晴《あっぱ》れで清々《すがすが》しいもの。

私たちはこうして、「神ながら」「神さながら」を生きようとしてきたのです。

人の道は、食べて、排泄して、寝て、起きての繰り返し。この人の道をしっかりと、真を尽くして歩もうとする真心が、人を人にしていきます。

そして、その人の道は、そのまま神の道なのです。

生きていることが、そのまま祈りなのです。

すでに貴方は、奇跡の幸せの中にあるのです。引き寄せなどしなくても……。

人は小天地なり
天の光と地の振るえを受けて
私たちは存在し
故にその日々は
太陽と共にあり
地の恵によって生かされている

天地に感謝し
己の業《なり》わいに励《はげ》み怠らず
全て天運に任せて
大地と共に
あれば

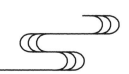

物事は
神ながらに
成就するのです

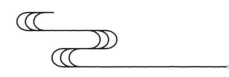

第四章

禊祓《みそぎはら》いの心

神から生まれた神である私たちは、引き寄せの法則など必要としていないということは前章までに見てきたところです。

日々の暮らしは直霊の顕現であり、今居るところ、今していること、今の関わり、今の仕事を分相応として、うれし楽しで誠を尽くそうとするその心は、もうそのまま天の心と言えます。

この身を慈しみ、朝夕に感謝して働き、全てを神の如くに敬う日々の暮らしは、天の徳に叶っている故、何かを引き寄せようとせずとも、天の禄はすでに備わっているのです。

とはいえ私たちは、「神から生まれた神」であること、日々の暮らしは直霊の顕現なのだということを、忘れてしまうことがあります。

何故でしょうか。それは、私たちが、神から生まれた神とはいえ、肉体を持った、限《かぎ》り身《み》（カミ）だからです。

この身体は、この物質世界にて、宇宙生成化育に参与していくために必要な、神の想いが凝縮した道具であり、私たちはこうして手足を使って、身体を動かして、使命《みこともち》を全うしていくようになっています。

身体は言わば神体であり、この大事な身体・神体を維持していくために、生存欲求が備わっています。

生存欲求は、「生きたい」、「成功したい」、「賞賛されたい」、「産み増やしたい」、「ますます栄えたい」といった欲に繋がりますが、この欲はまた、生成化育に基づく必要なものであり、神々もその欲に従って宇宙を生成化育してきたとも言えます。

この欲は、私たちの進化向上に繋がるものなのです。

よって、神道ではこの欲を否定しません。また無欲や無執着を求めるものでもありません。私たちに備わる欲は、自然ながらのものだからです。

しかしながら、限り身故のこの生存欲求は、「死にたくない」、「失敗したくない」、「否定されたくない」、「失いたくない」などへの怖れをも生じさせてしまいます。

この怖れが、自然ながらに備わっている欲を暴走させてしまいます。

ケガレ(気枯れ)とは気掛かりのこと

この欲の暴走、囚われは、気掛かりの最たるものです。

気掛かりとは、気離《けが》れであり、魂が遊離拡散した状態。欲しいものに対する執着心、不安や心配、苛立ち、焦り、怖れなどで、私たちの心が千々《ちぢ》に乱れ、落ち着かない状態のことです。

身体を家に、魂をその家の住人に例えるならば、家の住人があちこちほっつき歩いて家に戻らず、そのために家が荒れ果てていく、というような状態です。

このように抜け殻となった身体は、真に味わうことも、見ることも、聞くことも感じることも出来なくなります。まさに「心ここに在らず」です。あちこちさ迷っている魂は、我が家、この身体に戻って来てこそ、本当の安住が得られるというものです。

気掛かりが生じ、魂がさ迷い出て、気が分散していれば、己の命の振動数は低下してしまいます。気が満たされておらず、気が枯れた状態=気枯れとなるのです。

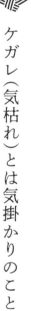

それは、本来の生命《いのち》の在り様から見ると、とても弱々しく、宇宙の生成化育の千早振る振動数からはかけ離れています。

気離れ、気枯れはまた、穢れでもあります。

不安や怖れ、心配事などの気掛かりのエネルギーは、あたかも塵や埃が鏡に付着して本来の輝きを隠すように、直霊の表面を覆い、曇らせ、穢れさせてしまいます。

つまりケガレとは、気が離れ、魂が遊離拡散し、気が枯れて生命力が減退し、穢れによって直霊が曇った状態のことを言うのです。

そして、その状態を放置しておくと、それは「つ（積）み」重なって直霊《なおひ》を「つつみ（包み）」隠してしまいます。この状態を「つみ（罪）」というのです。

このような「罪なる状態」は、「自分さえ良ければいい」、「今さえよければいい」というゆがんだ欲のエネルギーを暴走させ、その行為は、宇宙の本来の在り様である生成化育の流れを妨げ、禍事《まがごと》を現象化させます。

神ながらの道における「つみ（罪）」とはまた、生成化育の阻害のことであり、それによって、禍事を生じさせることなのです。

例えば、人間社会においては他人の生産（はたらき）を阻害、邪魔することは「つみ」となります。人を殺すことも、怠惰や傲《おご》りによって、自分自身の命の輝きを止めることも、使命《みこともち》を果たそうとしないことも、生成化育（はたらき）を阻むことであり、「つみ」となるのです。

罪や苦しみに着目して、それを問題とし、悪として、これを取り除こう、解消しようという宗教や考え方もあるでしょう。しかし神道では、何か禁じられたことをすることが「つみ（罪）」ではないのです。

また、ケガレ＝気掛かりを持つことは「限り身」の私たちにとっては自然なことであり、ケガレないように、気掛かりを持たないように、欲を持たないようようにしなければいけないとも言いません。

しかし欲や穢れは、知らず知らずのうちに積み重なり、直霊を包み隠します。この状態は、産霊を本質とする生命本来の在り様ではないので、人は違和感や不快感を覚えてしまいます。

それ故、私たちは自ずと、神の分霊《わけみたま》という本来の姿に立ち返り、うれし楽しの天晴れた生活に立ち戻ろうとするのです。

そのために自然ながらに行われてきたのが、「禊祓い」なのです。

我が国の禊ぎのはじまり

さて、それではこの「禊《みそぎ》」とは何でしょうか。

禊とは、あらゆる拘束、囚われを解き放つ「身削《みそ》ぎ」のことであり、汚れを清め洗い流す「水注《みそ》ぎ」のことであり、そうして起きる「霊注《みそ》ぎ」のことです。

また、禊祓いの「祓《はら》ひ」は、張《は》る霊《ひ》を意味します。私たちの本体である直霊が躍動して張っていれば、五官と五感は統一され、うれし楽しを生きることができます。

禊祓いは、直霊を張り拡げて強くし、霊濯《みそそ》ぐことで、直霊に神の光を注ぎ込んで充実させることです。故に、この「霊《ひ》の本＝日本」では古来より、禊祓いを根幹としてきたのです。

この禊ぎのはじまりは、我が国の神典『古事記』に見ることができます。

伊邪那岐神は、亡くなった妻である伊邪那美神を取り戻そうと黄泉国へ赴き、その醜い姿を目にして怖れをなし、逃げ出します。

黄泉国から逃げ戻ることのできた伊邪那岐神は、

「私は見るも醜悪な穢れた国に滞在した。だから、私は我が身の禊ぎをしよう」

と言って、水の流れに身を浸し、我が身を洗い清めていきます。

『古事記』では、この禊ぎの過程で次々と神々が誕生していく様が語られていきます。

この過程について、もう少し詳しく見ていきましょう。

黄泉国から戻った伊邪那岐神は、「この漂える国を修理固成せ《おさめかためな》」という使命《みこともち》を忘れて、亡き妻への思慕と未練に身を焦がし、執着の塊になっていた我が身を振り返り、恥ずかしいと自覚します。

黄泉の国から逃げ帰る途中に、魑魅魍魎《ちみもうりょう》の輩に殺されかけましたが、伊邪那岐神は、本来、そのような体《てい》たらくを起こすような神ではありません。

この国（地球）を修理固成せよとの命を受け、次々と国生みをしていった大いなる神です。それが目の前の哀しみにおぼれ、無様《ぶざま》にも黄泉の国まで妻を追いかけていってしまいました。

宇宙の原理は「一即多」です。己の気枯れは、そっくりそのまま全宇宙の気枯れになります。そんなことも忘れ、うつつを抜かしてしまったということに気づき、大反省しました。

天之御中主神《あめのみなかぬしのかみ》をはじめとして高天原《たかまのはら》の神々、そして宇宙全体に対して恥ずかしく、申し訳ない気持ちになり、直霊《なおひ》を奮い起こそうとしたのです。

この大反省の上に立って、禊祓いをしはじめた伊邪那岐神は、まず、杖を投げ捨てます。杖は身を支える道具であり、外に頼るものの象徴です。依頼心や依存心を捨てたということです。

次に帯を捨て、袋を捨て、衣を捨て、袴を捨て、冠、左右の手首飾りを捨てます。これら自らを飾り立てる衣裳《ころも》は、地位や名誉、立場、実績、自己顕示欲を象徴しています。それらへのこだわりや執着をも捨てたのです。

全てをかなぐり捨て、素っ裸になった伊邪那岐神の在り様は、まさに素《す》に還《かえ》り、出直そう、やり直そうという決意の表れに他なりません。

ここまでのプロセスで十二柱の神々が生まれました。

ここで注目したいのは、手放すという行為の中で神々が生まれているということです。

宇宙は常に生成化育し、次々と新たな生命が生り成っていっています。

手放す、捨てるという行為にも、産霊《むすび》の力のはたらきが現れました。つまり、引き寄せるどころか、手放す「身削ぎ＝禊」という行為から、神という新たな祝福が産まれたのです。

そして、伊邪那岐神は、いよいよ瀬（河、川）に入り、水で洗い清め始めます。

「水」とは、光の物質化したものとも言われます。

「水に潜《くぐ》る」とは、自(み)ずから水の中＝ミナカ(水中)＝アメノミナカヌシノカミ(天之御中主神）という本源に自発的に戻ろうとする行為でもあります。「み」は「身《み》＝からだ」であり「水《み》＝流れ満ち満ちるエネルギー」であり「御《み》＝聖なるもの」であり、「実《み》＝結実」であるのです。

伊邪那岐命は、水、川という清浄かつ霊的エネルギーの中に、「イザ！」と、積極的に潜り入って、「水注《みそ》ぎ・霊注《みそ》ぎ＝禊《みそ》ぎ」をしたのです。

そこでまず生まれたのが、八十禍津日神《やそまがつひのかみ》と大禍津日神《おおまがつひのかみ》という二柱の神でした。

この二柱の神は、黄泉国で身についた穢れが、水に入ったことで現れ、成りなった神です。この二柱の神様は、穢れというものを分かりやすく現象化して私たちに教え示し、気づきと反省を促してくれる役割があります。それは私たちを本道に還そうとする、戒めであると同時に、大いなる愛と恵みなのです。

気づきと反省があってこそ、出直しやり直そう、直霊を振るい起こそうという気概が生まれます。

穢れが現象化した禍事という存在が、却って神的な役割を果たす……。だからこそ、禍津日神という神名《しんめい》が与えられているのです。

禍事はまた、光が生まれる源ともいえます。

この禍津日神《まがつひのかみ》が生まれた後に、三柱の光の神が生まれたのです。

その神の名を、神直毘神《かむなおびのかみ》、大直毘神《おおなおびのかみ》、伊豆能売神《いづのめのかみ》と言います。

「直毘《なおび》」とは「直日《なおひ》」のことで、この三柱の神々は、禍事《まがごと》＝曲がっていることを真っ直ぐに正そうとするおはたらきをもつ神々です。

神直毘神は、神のご加護であり「他力」を表し、大直毘神は、大いなる努力であり「自力」を表しているとも言えます。

伊豆能売神《いづのめのかみ》の「いづ」は、大いなる神のエネルギー＝霊威をあらわす「稜威（いつ）」であり、「売（め）」は「芽」に通じ、芽吹く力強いエネルギーを表しています。つまりこの神は、なんとしても禊をやり抜くという強力な意思、「不動心」を表しているのです。

穢れが祓われて神本来の姿に直る時、「他力」・「自力」・「不動心」という三柱の神が生まれたのです。ここから、禊祓いは「自他力行」だということが分かります。「自力」による努力だけでは完結しません。そこに神のご加護という「他力」と、強い意志である「不動心」が必要なのです。

私たちが行う禊祓いも、人の自力努力と神々のおはたらきという「他力」と「不動心」によって可能となります。

このように、禍津日神と直日の神の出現は、気づきと反省無くしては、禊は始まらないということも私たちに教えてくれます。

古事記では、このエピソードの最後に、伊邪那岐神の左眼から天照大御神、右眼から月読命《つくよみ》、鼻から建速須佐之男命《たけはやすさのおのみこと》という三柱の貴い神がお産まれになったことが記されています。この三柱の貴い神は「三貴子」と書いて、「みはしらのうずのみこ」と読まれています。

伊邪那岐神は天照大御神に高天原を、月読命に夜《よ》の食国《おすくに》を、建速須佐之男命に海原《うなはら》の統治を任せます。以後、太陽を中心とするこの世界の生成化育、弥栄が担われていくことになりました。この三貴子によって宇宙は新たな展開を迎えることとなったのです。

三貴子の誕生は、大いなる創造の象徴です。

禊とは、手放し、気づき反省し、そして他力と自力と不動心による新たなる創造と成長へのプロセスであることを、神典『古事記』は教えてくれます。

外側から何かを引き寄せようとせずとも、伊邪那岐神がお示しになったように、禊祓いの在り方が、自らの内側から、新たなる創造を成していくことになるのです。

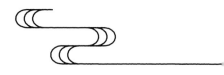

祓いは

穢れの心を祓い去りて
真っ直ぐに清浄にすること

清浄になれば

我は身明かりの宮として
神が留まり

神が留まれば

我と神の隔たりが
なくなり

隔たりなくなれば
全てが成就す
その祓い心もまた
神なれば
成就したるものも
神なり
その全ては
慎みでもある
ゆえ

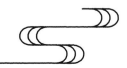

そこには
引き寄せようという
心など
在らじ

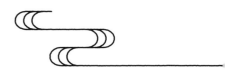

神社参拝こそが大いなる禊祓い

神道は
〝禊祓いに始まり　禊祓いに終わる〟
と言われているが如く
禊祓いの思想は　神道の根幹
全ては　神から生まれ現れた神の子である故
穢れを洗い流し　洗い去っていけば
必ずや神性《かみさが》が光り出す
我も人も　皆々　清かれ　明るかれ　正しかれ　直かれと
この祈りと精進こそが人の道　神道・・・

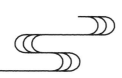

では、神の分霊《わけみたま》とし本来の自分に立ち返るための禊祓い、それはどのように行っていけばいいのでしょう。

実は、私たちの日常では当たり前になっている、神社参拝こそが大いなる禊祓いの行い、そのものでもあるのです。

そもそも神社とは何でしょうか。

神社とは誰かが意図的に布教活動の道具として建てたものではありません。また個人の利益や冥福のために建てた教会や寺院でもありません。

古代に遡って神社の原点を探ってみると、霊威の強い場所を古代の人が感じ取り、そこで神との交流、つまりお祭り（お祀り）をした場所だったようです。

古代の人々は、神霊が鎮まる霊威の強い場に在った樹木（神籬《ひもろぎ》）や巨石（磐座《いわくら》）を崇め、大事な場所として汚さぬよう囲いを作って聖域（磐境《いわさか》）をつくり、霊威に満ちた森や山を神奈備《かんなび》と呼びました。そうしてその神域を、祈り、祀りの場としてきたのです。

この祈り、祀りの場には、祭祀を執り行うために、建物などが建てられるようになりました。祭祀が終わればそれは撤去され、元の自然な状態に戻すということが繰り返されてきたようです。

この臨時の祭祀場は、祭祀の際に風雨を凌ぐための拝殿として常設されるようになっていきます。

そして、人々の神への想いと共に、様々なものが整えられていき、今、私たちの知る、神社の様式へと移り変わっていきました。

このような変遷の中で、神社を中心に集落が形成され、祭礼を中心に政（まつり）が行われるようになります。人々は神社で豊作や豊漁を祈り感謝し、神や自然を讃えるために歌舞音曲が奉じられ、また社の周りには市も立つようにもなっていきました。

その原点は、『日本書紀』にも見て取ることができます。

天孫降臨の際、高御産巣日神《たかみむすひのかみ》は、天孫瓊瓊杵尊《てんそんににぎのみこと》に随行する天児屋命《あまのこやねのみこと》と天太玉命《あまのふとだまのみこと》に向けて、「天津神籬《あまつひもろぎ》と天津磐境《あまついわさか》を起こし樹《た》てて、常にわが天孫のために斎《いわ》い祭りなさい」と話したこと（神籬磐境《ひもろぎいわさか》の神勅《しんちょく》）が書かれています。

この「斎い祭る」ということは、己の振動数を神の振動数と同調させることであり、私たちが天之御中主神を本源とする神から生まれた神であることを思いだすことでもあります。それをお続けなさい、というのが「神勅《しんちょく》」の趣旨でした。

現在、日本の全国各地に存在する神社は全て、人々の日々の暮らしの中心であると同時に、「神籬磐境の神勅」を本源とする「まつり」の場だったのです。

だから神社では、今もなお、特段説教をしたり、布教活動をすることはありません。人々は自発的に参拝し、清らかな場にて、清らかな気と交流する……。この「まつり合わせ」こそ禊祓いなのです。

「まつり合わせ」とは、神の振動数と己の振動数をキープし、さらに高めていくことと言えます。

神社とは「祝い続け」「禊祓いし続ける」場であり、神社参拝の過程とは、まさにその振動数を上げていくシステムなのです。

では、そのような神社参拝という、禊祓いの心と具体的な実践法について一つひとつ見ていきましょう。

神社参拝の前に己を清める

神社とは本来、地球の振動数をキープする、清浄極まりなき神域なので、当然のことながら、それに「まつり合う」べく、己れを清めてから参拝に臨みたいものです。

また、神社に参拝するということは、御神霊の御前にて拝礼させていただくということですから、それはちょうど目上の高貴な方の御前にてご挨拶させていただくようなものです。

そう考えてみれば、神社に詣でる前には、シャワーを浴びて髪も整えるなどして、心身を清め、清潔なる服装にて身を調えてからにしたいという気持ちに自然となるはずです。

正式な参拝をなさりたいならば、正装をおすすめします。服装は相手に対する敬意を表します。これから霊威の高い神様と対面するのだと思えば、それにふさわしい格好をしようと思うのも当然のことです。

もしも、心身を浄め居住まいを正すことの叶わぬ時は、鳥居の手前より、真心を込めて、日頃の神恩に感謝の気持ちを込めて拝礼すればいいのです。もし、自分の胸に手を当てて、神域に入ることを許されたと感じたら、有り難いと畏《かしこ》みながら拝殿まで参進されるとよろしいかと思います。

鳥居は神界の入り口

鳥居は、神界の入り口です。そこで私たちは頭を下げます。このごく些細な動作に見える行為にも深い意味があります。それは己の直霊《なおひ》が、神の御前に自ら尋ねていこうとし、聖なる領域へと己を導く覚悟の表明でもあるのです。その一瞬に、自問自答があり、慎みがあり、覚悟が込められているのです。それは積極的で尚且つ慎み深い行為。

親の懐の中へ還るような、子が親を慕いゆく姿でもあります。厳粛なだけでなく、慕わしく、なつくが如き歩みが、鳥居をくぐるという行為でもあるのです。

鳥居の下で腰を屈めてあたかも水の中に我が身を潜らせるかのような所作をするのは、水中《みなか》すなわち御中《みなか》であり、祖神《おやがみ》様である天之御中主神の懐に、入っていこうとすることです。

つまり、天之御中主神の現れ（分霊《わけみたま》）である我が、大元の祖神《おやがみ》様である天之御中主神と格合《かくごう》していくのです。このように見てみれば、鳥居を潜るという行為もまた、鎮魂《みたましずめ》であり、禊ぎに他ならないということが分かります。

参道は生まれ直し、生き直しの産道である

参道は、先ほど述べた神界への入り口でもある鳥居にはじまり、拝殿、本殿へと続く参拝の道です。多くは、参拝者の足下を気づかい、玉砂利や敷石が敷かれています。玉砂利をジャリッジャリッと踏む音は、音祓いであり耳注ぎ《みそ》（禊ぎ）そのもの。また、参道の両脇の杜の木々の枝葉が風に揺れる音、小鳥の囀り《さえず》でさえも、清音《きよね》による耳注ぎ、禊ぎなのです。

こうして参道を一歩一歩、歩み進むということは、神座《かみくら》である本殿へと近づくことでもありますが、同時にこれを霊的な視点より見るならば、神様にまつり合わせるべく、己の直霊を顕現する階梯《かいてい》を一歩ずつ踏みながら、禊ぎと共に神の振動数に己を近づけていくということでもあるのです。

拝殿に到達するまでに一歩一歩と心が澄み切り、粛々と深々と、神に礼拝する準備が整っていくのです。

つまり参道は、神と我とをつなぐ陛《きざはし》なのです。

この参道はまた、まさしくお宮（神社）という子宮と繋がる「産道」でもあります。ですから、私たちは、参拝の度に、むすび直し、産まれ直し、出直し生き直ししているのです。それは、伊邪那岐命が裸一貫になって行った、鎮魂《みたましずめ》の禊ぎを再現することでもあるからです。

よく、「参道は真ん中を歩いてはいけない。真ん中は神様の通り道だから」とタブーがあるかのように語る方もいます。しかし、「真ん中を歩いてはいけない」という決まりがあるわけではありません。

ただ、神と我をつなぐ陛であり、生まれ直す産道でもある清浄なる道を歩んでいると感じれば、自然と慎み畏《かし》こむ心になり、静かに参道の端を歩くのではないでしょうか。

手水舎は禊ぎの場

参道を進むと、手水舎があります。

手水舎では、両手と口を濯いで浄めます。これもまた一つの禊祓いです。水で浄めることは、身の汚れを落とす「水注《みそ》ぎ」であると同時に、あらゆる雑念や囚われを削ぎ落とす「身削《みそ》ぎ」であり、水という光のエネルギーを身に受ける「霊注《みそ》ぎ」であることは前にも述べたとおりです。

右手で柄杓に水を汲み、まずは左手を浄めます。左は火足《ひた》りであり陽であり霊であり、ここに水を注ぐということ、これは霊注《み》ぎです。

次に右手を浄めますが、右は水極《みき》であり陰であり体であり、ここに水を注ぐということは、身削ぎとなるのです。

最後に口を濯ぎますが、それは口は言霊を発するところ故で、また、口を慎むという意味も込められているのです。

最後に柄杓を立てて残った水で柄杓の柄を、自分の身体を浄めるが如く洗い流し、柄杓を元の場所に戻します。次に使う方にも気持ちよく使っていただくための気遣いでもあります。

手水舎は、神聖なお社に参拝するための禊場《みそぎば》を簡略化したものだと考えるといいでしょう。

本来、多くのお社は清流の傍らにありました。伊勢神宮では、五十鈴川や宮川が「禊場」だったのです。

今でこそ、伊勢の内宮には宇治橋がかかっていますが、昔は橋はかかっておらず、五十鈴川を歩いて渡ることによって、自然と全身の禊ぎが行われてきたのです。

清流だけでなく、お宮の近くにあった池や海もまた、清流と同じように「禊場」とされてきました。

神様の御前へ向かう時、さらに禊ぎと共に鎮魂を深め、神様の高い周波数に己を近づけ、己を浄め整えていくために、自然の禊場で全身の禊ぎを行ったのです。

この禊ぎの在り方が、いつしか手水舎にて手水を取るという、簡略化された方法に移行していきました。

自然の中での全身の禊ぎを、「手」を浄めるということで再現するようになっていったのです。

いつの間にか私たちは、自然ながらに、この手水を取る、手を洗う、手を清めるということを、神社参拝にあたって、誰かに強制されることもなく、決まり事だからということでもなく行うようになってきました。

さて、何故、「手」なのでしょう。そこには、とても重要な意味が隠されています。先に述べた、霊的な意味以外に、「手」を浄めるということについて、もう少し考えてみたいと思います。

「手」……手を加える、手を引く、手を出す、手当て、など、私たちの行為や意識を表す言葉に、この「手」という言葉が良く使われます。

また、昔から「掌（たなごころ）」といって、手の中には心があるとされてきました。

手相では、手は宇宙であるとし、全身を表します。

手は外界との交わりの場所でもあり、エネルギーが手から出入りしたりもします。

物作りという具現化のはたらきもこの手にはあります。

さらに神道では、手で印を組むことを「契り」と言います。まさに神と人とが交流する、神と人との約束事を果たすものでもあるのです。

そう、「手」とは「私」という存在の象徴であり、心が現れたものであり、創造の発露でもあり、霊妙不可思議なるもの。

本来行うべき全身の禊ぎが簡略化されたものが、手水舎での「手」の禊ぎではありますが、このような、「手」の奇霊《くしび》なるはたらきに思いを寄せながら行いたいものです。

手水舎を使うということ自体が、厳粛なる、祭り合い（真釣り合い）の儀式であり、内なる直霊の振るえが顕れた行為なのですから。

鈴による音祓い

手水舎にて禊ぎを済ませ、神と我とをつなぐ陛《きざはし》である参道を、鎮魂《みたましずめ》と共に参進します。

その陛である参道の玉石は、数珠《じゅず》繋ぎとなって私たちを拝殿へと運んでくれるのです。

拝殿の前に立つと、まずは拝殿の軒に設けてある、本坪鈴《ほんつぼすず》と呼ばれる大きな鈴を打ち鳴らします。この時、下げ緒を自ら打ち振るいますが、これは修祓《しゅばつ》の儀であり、自《じ》祓《ばら》いを行っていることになります。下げ緒は本来、麻で出来ていましたが、この麻の呪力によって祓い浄めていたのです。

今では多くの神社で、麻の下げ緒を見かけることが少なくなりましたが、それでも、下げ緒を打ち振るうことによって響き鳴る、鈴の清音《きよね》によって音祓いが行われているとの心持ちにて、鈴の下げ緒を打ち振るうとよいでしょう。

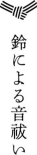

鈴の始まりは、天の岩戸開神事の折に、天宇受売命《あめのうずめのみこと》が手に持ったオガタマ（招霊）の木の枝とも言われています。

まさに、鈴の清音によって空気を振動させ、神様を鼓舞し、神様の御稜威《みいつ》を高め、その御稜威の千早振りによって魔を祓い、場を浄めていくのです。

また、我が国の神典『古事記』の冒頭に、「天地初発《あめつちはじめ》の時高天原に成り（鳴り）ませる・・・」とあるように、ご神事も祈りも、この初発《はじめ》の振るえなくしては成り立ちません。

生命とは、振るえる音霊そのものです。宇宙は振るえる音に満ち満ちて、振動にて生り成っています。

まさに、鳴り成るのであり、音は真の清浄であり、その音霊はかくも玄妙なるもので、それは魔をも祓うもの。

鈴の音を鳴らすということは、神様への清らかな音の献上であり、音祓いであり、神様の〝おと〟ずれを招来するものであり、我が身の振動を高めることなのです。

天地とつながる拝礼の姿

手水舎で身を清め、鎮魂《みたましずめ》と共に参進し、さらには拝殿の鈴の清音による音祓いを行えば、神の振るえと己の直霊が共鳴《ともな》りを起こし、自然ながらに、深々と腰を九十度に曲げる心持ちになるに違いありません。

その姿は、縦と横の線が直角に交わる形霊《かただま》でもあり、それは、垂直方向のエネルギーを表す火「か」と、水平方向のエネルギーを表す水「み」との交わりをも象徴する形となっています。まさに、「かみ」の現れた姿なのです。

親神様の御前にて、己自身もまた神として、相まみえる祭り合い……神と我の通い合いの場が、そこに、天晴《あは》れ、あな面白と現れます。

「拝む」とは「折れかがむ」のこと。この神人交流の中で、感謝の心が自然に溢れ出で、謙虚に、己の身を、低く折れかがめざるを得なくなるのです。

まるで水が高きから低きに流れるように、謙虚に身を低くする者にこそ、神の徳は流れ入るものなのです。

また、「折る」というのは、「何かを断つ」、「分断する」という行為の現れであり、「折れ」かがむとは、まさに、己の中の小賢しいエゴを断ち、素の我《わ》れに立ち返る、自然ながらの振る舞いとも言えます。

神前で礼をする時には、「二拝二拍手一拝」（二礼二拍手一礼）だとされています。四拍手や一拍手の神社もあります。

これも人々がそのようにしてきたからそうするだけであって、本来はそうしなければならないということではありません。

ご神前の清らかなる振動に触れた時、天と地の限りない恵みに感じ入り、たまらず深々と拝してしまうのです。

そのとき、自ずから姿勢は正され、己の内なる神もまた振るえ、外なる振るえと内なる振るえが共振し、「何ごとのおわしますかは知らねども」と、心の振るえは手へと伝わり思わず二度拍《たた》いてしまう。やはりもう一度頭を下げてしまう。それが習いとなって、「二拝二拍手一拝」しているのだと思えば良いでしょう。

「二拝二拍手一拝」とは、自然ながらに我が身の深奥から泉の如くに感謝の心が溢れ出た、姿（素《す》の形《かた》）なのです。

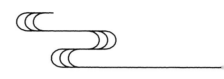

神とは
何かを
知ろうとし

また

神に
祈るは
私たちの
中に
神が
存在

する故

清浄なる
場に臨み
畏《かしこ》み拝礼
するは
私たちの
中に

神が

存在
する故

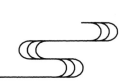

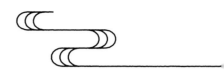

そして

思わず
拍手するは
内なる神が
外に顕れた
うれし
楽しの
所業なり
天晴《あは》れ

合掌は神人直結の象《かたど》り

神の御前に立つ時、拍手をする時、そして祈念をする時、人は自然と両方の掌を合わせます。

手水舎のところでも述べたように、手の平を掌《たなごころ》といい、手の中に心があると考えてきました。心と心を合わせるのが合掌であり、まさに神の心と人の心を合わせる、神人合一の崇高なる所作です。

手で意味のある形を結ぶことを「印《いん》を結ぶ」と言いましたが、この「合掌」も一つの印です。手で印を結ぶということは、神と我とが契り合うということです。

合掌は十指を合わせます。十は、統理《とうり》や、十方《じっぽう》、そして「アマテラスオオミカミ」と唱える十言《とこと》の神呪《かじり》の十でもあります。

また、左（火足り）の掌は火で、右（水極）の掌は水を表しますから、合掌とは、陰陽統合の火（カ）水（ミ）合わせ、カミ結びの形となります。

陰陽が和合するということは生命の産霊《むすび》の形であり、万物の生まれ出ずる根源の象《かたど》りであり、天地開闢以前の相です。

合掌の形はまた、葦芽《あしかび》の如く生命の萌え出る様を表します。

さらに、両手を合わせた型霊《かただま》は、剣《つるぎ》をも表しており、ツルギは「貫《つらぬ》く」でもあり、神と我とが貫かれ、神人直結した象りでもあります。

神の気と人の気の真釣り合わせ、そのツル気の振るえが合掌なのです。

かくの如く、合掌そのものが宇宙との合一であり、神が顕現した姿でもあるのです。

巡りの中に　永遠を知るとき
人は　思わず
手を合わせて　しまうのです
今年もまた　桜が咲いたと　祝い
稲穂が実ったと　喜び
冬が来ては　また　春がおとずれ
夏が去りては　秋を迎え

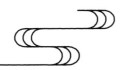

この身体は　朽ちていくとも
その永遠の巡りの中の　言祝ぎに
死と生を同じうして
人は　思わず　手を合わせるのです

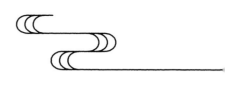

拍手は天地開闢の鳴り成り

「拍手」は、陰陽（火水・カミ）合わせた、カミ結びの合掌の作法からはじまります。左右の手を合わせると左脳と右脳が全機《ぜんき》調和、すなわち左右の脳が調和し全能が発揮されて、神経すなわち神の経《みち》（道）が、己の中心に結ばれるのです。

この陰陽統合の姿から、右手（陰）を少し手前に引き、左手（陽）を御神前の方に差し出すようにします。左（陽）は霊《ひ》であり、右（陰）は身であり体であり、これは霊主体従という宇宙の理を表します。

その両の手を大きく開き、また合わせる拍手は、開いては結び、開いては結ぶ宇宙の生成化育の在り様を顕しているのです。

そのときに解き放たれるパンパンと鳴り響く音。それはまさしく、天地開闢の鳴り成りであり、「天晴《あは》れ　あな面白　あな手伸《たの》し　あな清明《さや》け　おけ」という岩戸開きの音霊の雄走《おばし》りなのです。

その清々しき音霊は、祓い浄めの振るえとして、己れの内なる神、直霊を振るい起こします。

神社という清浄なる斎庭《ゆにわ》にて、清浄高貴なる神のエネルギーに触れ、神の楽しの徳と人の本性の楽しの心とが感応し、自然ながらに無心の拍手が型霊《かただま》として現れ、音霊として解き放たれます。

崇高清浄なる神に我が真心を感謝と共に捧げ、神の誠に感応した嬉しさの余りに思わず拍手を……。

人と神は同根であり、神我一体の結びの音霊がそこに清々しく鳴り成り響くのです。合掌は神の気を集め、拍手は神の気を音霊として解き放つ、うれし楽しの神事です。私たちが喜びを感じた時に思わず拍手をしてしまうのも、この天晴れなる楽しの心からの自然な発動なのです。

この日の本の民以外、諸外国においては、手を清らかに打ち鳴らして、礼拝をするということはないようです。諸外国にも見られる合掌は、感謝とか依頼とか許しを乞うとかいう相対的なもの。礼拝時の我が国の拍手は、我も他人も、神も人も、天も地も、全てが産霊によりて和合し、天晴れかなと響き振るえる、純真無垢なる現れなのです。

〝意識〟という字に、〝音〟が在るが如く、その音は〝日が立つ〟と書くが如く、意識をもって何事かの音と一つになる時、私たちの中に日（霊《ひ》）が立ち、耳注《みそ》ぎされ、直霊が顕現し、より本源へと戻っていくのです。

拍手をする時、玉砂利を踏みながら参道を歩く時、鈴を鳴らす時、このような神妙なる玄義を、心に留めておいてください。

神の道とは
真の信仰とは

神に
お願いして

神の力を

授かろうと
することに

あらず

自らが

努力精進し
己を鍛え
修養し

神の力に
近づこうと
すること

その
一心不乱なる
所業はまた

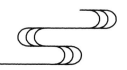

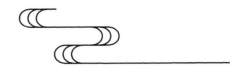

神に己を
全託している
姿でもあり

ここに
自力でもなく
他力のみ
でもない
神ながらの
大御心《おおみこころ》が
顕れるのです

神人合一の儀式「玉串奉奠《たまぐしほうてん》」

御社殿（拝殿）に上がらせていただく参拝を「昇殿参拝」と呼びます。いわゆる「正式参拝」です。

正式参拝では、修祓《しゅばつ》や祝詞奏上、玉串奉奠《たまぐしほうてん》など様々な祭儀が執り行われます。

「玉串」とは、「榊《さかき》の小枝に紙垂《しで》や木綿《ゆう》（楮《こうぞ》の繊維、後世には麻《あさ》）をつけたもので、神と人との間に立って霊威《れいい》をとりつぐもの、あるいは神意を通じるものといった性格がある」（『新版 神事の基礎知識』藤井正雄編・著、講談社）と一般的には説明されています。

「奉奠」とは、難しい字を書きますが、「慎んで供える」という意味です。

玉串奉奠のプロセスを観ていきましょう。

神職の修祓によって祓い浄められた玉串は、祝詞奏上などの儀式が進むうちに、神様の御稜威《みいつ》、御神気が更に凝縮していきます。

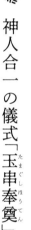

その玉串をいただいたとき、神様の御稜威がまるで浸み込むように参拝者に流れ込みます。その千早振りの振るえは、己れの中の直霊を振るい起こし、神と我との共鳴りが生じるのです。

そして、参拝者の真《まこと》の心がいただいた玉串にうち載せられ、真釣《まつ》り合いが起きます。つまり玉串奉奠の核心は、己の波動を神の波動に真釣り合わせることにあるのです。

そのような本質を知った上で玉串奉奠をするならば、玉串は紙垂などのついた一つの枝でありながら、同時に御神木でもあると気づくかも知れません。

玉串は神霊の宿る、霊妙不可思議なる枝であり、それはまた「霊奇《たまぐし》」なのです。つまり「玉串奉奠」とは、神霊の宿る御霊代である「玉串」を神前に「慎んでお供え」する一連のご神事のことです。

この「玉串奉奠」は、正式参拝という祭儀のクライマックスとして執り行われますが、この「玉串奉奠」なくしては、祭儀は成り立たないというほどの重要な神事です。

神の誠の心と人の真心が一致して「神人合一」するのです。玉串を神前に奉じるということは、神様の太い幹に、玉串という己れ自身を接《つ》ぎ木するということ。まさに、神と人とが一体化した姿なのです。

故にその時の心は、何の迷いもない澄み切りの真心こそが求められるのであり、ああして下さい、これが欲しいなどの思いは、神人合一の前には、無用のものであるということが、お分かりになるかと思います。

神社参拝の本義

　ここまで、神社参拝には禊祓いの心と形が込められていることをお伝えしてきました。

　もうお分かりのように、神社参拝の行為そのものが、私たちの直霊が顕現した姿であり、神人合一した尊き姿なのです。

　それは、正式参拝であろうがなかろうが、その形式には関係ありません。神向《かむ》きさせていただいているという、有り難き懐かしき心、その感性こそ大事にしたいものです。

　その素直な感性と心は、美しく調和された振る舞いとして、自然ながらに現れます。

　心は形に添い、形は心に添うのです。

　清明正直《せいめいせいちょく》なる誠の心はまた、真の形を求めるもの。真の心が顕れたものが形故、形を疎かにする者は、心、そして神を疎かにするも同じ。神への想いは、自然と、誠の美しき礼法として、顕れるのです。

もっと言えば、作法や形にすらもこだわることなく、日々の生活すらも全て神座《かみくら》にあると思い、報恩感謝と禊祓いの心で、日々の勤めを笑って果たしていけば、もうそれが神社参拝となるのです。そう、神の振るえは、そこに、その物に、その処に、私として、あなたとして、笑いとして、顕れているのですから。

つまりは、神社参拝の根底にあるのは、私たちが神から生まれた神であるという大自覚です。その大自覚を思い出し、また神から生まれた神として生き直そうと誓えばいいのです。

また、その大自覚を思い出させてくれるのが、神社参拝の本義でもあるのです。そう、何度でも、誓い直し、生き直すのです。それが、祈り……。

何かを変えてやろうとか何かを引き寄せてやろうと足掻《あが》かずとも、自然ながらに全ては整い、足るを知る、神人和楽の良縁が、神ながらに無限に結ばれ現れてくるのです。

謙虚に
へりくだりて
神を仰ぎ
謙虚である
故に
神の御光《みひかり》を
賜る
日々清めて
神に近づき

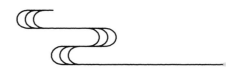

己を捧げ
つくす時
あな面白
あな楽しと
さらに
謙虚になりて
ただただ
神の御光《みひかり》の中
で遊ぶ

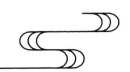

天晴れ・・・

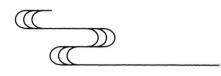

第五章

神道 引き寄せの法則

神道引き寄せの法則とは、引き寄せようとしないことであり、もっと言えば、引き寄せようとか引き寄せようとしないとか、それすらも超えたところにあるということが、もうお分かりになったことかと思います。

もともと「神の御顕れ《みあ》」である私たちは、神の御顕れの中に息づいており、全て神づまりである故、想うことは既に現象化しているということ。現象化しているということは、それは私たち自身の想いであるということ。

言即事であり、信即応であり、天地開闢が神の想いで生じたように、私たちの想いは、そのまま天地に呼応するのです。

これまで述べてきた「禊ぎ祓い」のことも「直霊の顕現」のことも、内なる神と外なる神の呼応によるものであり、それははじめから、縁《えにし》であり、産霊《むすび》かためによるもの。そう、「ねばならない」ではなく、「神ながらに」そうしてしまい、またそう「成って」しまうのです。

しかしながら、これもまた何度も述べてきたことですが、こうしてやろうとか、こうしたいとかの気掛かり、気枯れが起きてしまうのもまた、自然ながらである故、この自然ながらを、これまた神ながらの禊ぎにて、何度でも出直しやり直しして、神の御顕《みあ》れである我れを思い出していけばいいのです。

そう、全てが、神ながら……。私たちは、ただ、そこに立ち返ればいいだけです。

そのことを教えてくれるのが、我が国の神話であり、取り分け、古事記の中の「天岩戸開き《あまのいわと》」のエピソードには、この本のテーマのメッセージそのものが描かれています。

「天岩戸開き」の物語は、速須佐之男命《はやすさのおのみこと》が高天原で大暴れして、大禍事《おおまがごと》を起こしたことをきっかけに、天照大御神が天岩戸の中に籠ってしまうというものです。

このエピソードは一般的に、

「天照大御神は元祖引きこもりだったという話」

「神様が自暴自棄になって引きこもってしまったエピソード」

「乱暴な弟の速須佐之男命への当てつけにお姉さんが世界を真っ暗にした物語」

などと捉えられることが多いかと思います。

ところがこのエピソードには、まさに元祖「引き寄せの法則」とでも呼ぶべき「祈りや想念の具現化の仕組み」が示されているのです。

まずは、その天岩戸開きの物語をみていきましょう。

『天岩戸開き』の物語

――天照大御神は天岩戸に籠もられました

速須佐之男命が高天原で大禍事を起こした後、天照大御神は天岩戸に籠もられます。

そのとき天照大御神は、速須佐之男命を咎めることもなく、「これは全て自身の不徳のいたすところ、修養の足らざるところ故に起きたこと」と思われました。

普通、私たちは、不測の事態が起きた時、それを誰かや何かのせいにして責めたり、嘆き悲しんだりしますが、天照大御神は、高天原に起きたこの大禍事、その一切の罪汚れを、ご自身の清明心をいよいよ磨くことによって、ことごとく祓い浄めようとされたのです。

つまり天照大御神は、全責任をお引き受けになり、清明心の御修養のために天岩戸にお入りになられたのです。まさに、鎮魂の行に入られたともいえます。

――八百万の神々が話し合いを行いました

高天原の光そのものでもある天照大御神が天岩戸に篭られたことで、世界は真っ暗となります。以来、夜がうち続き、萬《よろず》の災厄が起こり始めました。

そこで、八百万の神々が話し合いのために天岩戸の前にお集まりになりました。

このときの八百万の神々の態度は、慌てふためいていたわけでも、悲嘆にも暮れていたわけでもありません。どの神も速須佐之男命のせいにすることなく、天照大御神への不満を持たれることもありませんでした。天岩戸を無理矢理開けようとも、天照大御神に出て来てくれと懇願することもしなかったのです。

ただ、前向きに、どうやったら天照大御神の御修養をお助けできるのかと思いを巡らす神々の様子は、まさに「災厄無視」（２１４ページ参照）の態度。「弥栄に天晴れて超えていく」神ながらの態度でした。

――八意思金神《やごころおもいかねのかみ》が神々の思いをまとめました

やがて、知恵の神である八意思金神が立たれ、話し合いをする全ての神々の思いを汲み、天岩戸の前で一大神事を行うということが決まりました。

そして、八百万の神々の清明心の底力と共に一大鎮魂神事が展開されていくことになります。

八意《やごころ》思金神は、まさに「やごころ（八意）＝いやさかごころ（弥栄心）」をもって、四方八方、八百万の神の思いを兼ねた（＝まとめた）のです。

それは、八意思金神が宇宙に最初に顕れた造化の神である高御産霊神《たかみむすひのかみ》の直系であり、高御産霊神の本義をそのまま顕現する神故に、高天原の一切を、その根本を掌握していらっしゃるからです。

この一大鎮魂神事によって、高天原の暗黒を薙ぎ払っていくが如くに、八百万の神々の弥栄心、その清明心は、弥増しに増していったのです。

――八百万の神々が神事を行いました

神事は、日の出を告げる常世《とこよ》の長鳴鳥《ながなきどり》の鳴き声から始まりました。

「鳴かせる」は、生《な》かせる、つまりは生み出すことであり、新生天照大御神の誕生の祝祭の振るえが、全大宇宙に鳴り生り響いていきました。これぞ正しく、天津祝詞《あまつのりと》のフトノリトゴト。

続いて、布刀玉命《ふとだまのみこと》が勾玉や鏡、大麻などを飾り付けた大榊を振り、天児屋命《あめのこやねのみこと》が言祝ぎの祝詞を奏上しました。これもまた、天津祝詞のフトノリトゴト。

神々は、宇宙の律動そのものに立脚し、まずは音霊、言霊の振るえを解き放ったのです。宇宙は音霊で鳴り成ったのであり、神の想いが言霊であり、神々はその音霊、言霊の作用による産霊の根本原理に立たれたということ。つまり第一儀として、音霊の作用に立脚したのです。

音は日が立つと書くが如く、まさに日が現れ、つまりは日の神、天照大御神がもうお出ましになったぞ！　という決定成就（２１６ページ参照）の想念の底力、清明心を最初に顕示したのです。

――天宇受売命《あめのうずめのみこと》が神がかりします

そして、天宇受売命は、招霊木《おがたまのき》の小枝を手に、うつ伏せにした桶の上に乗り、踏み轟かしました。

やがて天宇受売命は、その波動の高まりと共に神憑《かみがか》りします。その神ながらの神楽舞《かぐらまい》と共に、八百万の神々の振動数はさらに高まります。

そして、「天晴《あは》れ！　あな面白《おもしろ》　あな楽し　あな清明《さや》け　おけー！」の喜悦の雄叫びが鳴り生り響き渡りました。それはまさに天地呼応の雄叫び。

神々は全員で波動を高め、天照大御神のお出ましになった世界を祝ったのです。

それは、

「天照大御神がお出ましになるに違いない！」

「いやいやもうお出ましになったぞ！」

「ありがたい！」

と何の作為もない「決定成就」の雄叫びそのものであり、「天照大御神のお出まし」の成就はすでに決定しているという、千早振りの全身での感動そのものの顕れと言えます。

天岩戸の外で行われた一大神事による神々の弥栄《いやさか》なる波動により、高天原全体が、そして全大宇宙が弥栄弥栄と千早振っていきました。

――天照大御神が天岩戸の扉から外を覗かれました

天照大御神はその呼応と共に天岩戸を僅かに開けて、「高天原も葦原の中つ国も暗闇であるはずなのに、どうして天宇受売命は遊び舞い踊り、八百万の神もみんなで笑っているのですか？」と問います。

天岩戸の扉は、金城鉄壁《きんじょうてっぺき》であり、力では決して開けることは出来ません。

唯一、清明心のみがその扉を開閉できるのです。

天岩戸の外なる世界である高天原で神事が繰り広げられ、その千早振りが頂点に達した時、天岩戸の中で行われていた天照大御神の鎮魂行による内なる世界の千早振りもまた同時に頂点に達しました。

天岩戸の内と外との振動数が真釣り合い、天照大御神の清明心と八百万の神の清明心が呼応し、合一したことで、ようやく天岩戸の扉が開いていきます。

――天照大御神が天岩戸を出られました…

すると、天宇受売命は、天照大御神に「あなた様より貴い神が現れ、皆、喜び笑い舞い踊っているのです」と応えます。これは機転や策略ではありません。天宇受売命は本当にそう思って無邪気に言ったのです。

「そんなに素晴らしい神様がいらっしゃるのか」と扉から外を覗いた天照大御神の前に差し出された鏡には、光り輝く神様が映っていました。しかし天照大御神は、その光輝く神をご自身とは思わず、「本当に！」と仰いました。

それもそのはず。天照大御神ご自身もまた、天岩戸の中で鎮魂行が完成されたことで霊格が上がり、一層光を増して輝いておられていたため、鏡に映ったお姿をご自身だとは思わなかったのです。

天照大御神が天岩戸の扉より少し身を乗り出された時、天手力男神《あめのたぢからおのかみ》がその御手《みて》を取り、外へと誘《いざな》いました。天照大御神は天岩戸の外へとお出ましになり、そして、高天原も葦原の中つ国も、新生天照大御神の御光によって、いや増しに光り輝くことになったのです。

……以上が「天岩戸開きの物語」の概要です。

『天岩戸開きの物語』と「神道引き寄せの法則」

では、この物語に秘められた「神道ならでは」の「引き寄せの法則」について、もう少し詳しくお話ししたいと思います。

まずは、天岩戸の外におられた八百万の神々の「災厄無視」と「決定成就」という在り方から見てみましょう。

――災厄無視と災厄転化

高天原が暗闇に閉ざされるという大災厄、大禍事ととらえることもできる事態を前にして、八百万の神は狼狽《うろた》えることもなく心を鎮め、語り合いました。

そこにある「災厄」を災厄と見ない心持ち、つまり災厄無視という態度を実践していたのです。もしも目の前の出来事を災厄であると捉え、狼狽《ろうばい》すれば災厄は現実のものとなるばかりか、ますます増大していったに違いありません。

私たちの日常を振り返ってみれば、何かトラブルが生じた時に、何とかしなければと狼狽して足掻けば足掻くほど、始末の負えない状況になっていくことは、誰しもが経験したことがあると思います。

しかし、八百万の神は、己の直霊の声にしたがうことで、天晴れた高天原の世界を思い描き、それをまさに起きていることとして捉え、振る舞ったのです。

そして、それは起きた災厄を無視するだけでなく、さらに美化し、芸術化する「災厄転化」の態度でもありました。

ここで、誤解の無きように付け加えておきますが、災厄無視とは、災厄から目をそらして、そのことが無かったかのように現実逃避をすることではなく、災厄は災厄として受け止めながら、その事には囚われずに、前向きに誠を尽くしながら、それを超えていこうとする態度のことです。

取り分け、暗黒の中でも神遊びの境地に達した天宇受売命の神楽舞は、まさに、芸術美の極みだったはずです。暗黒の場を、美《うるわ》しき嬉し楽しの場へと、芸術によって美化転化していったのです。

天宇受売命が、芸能の神として人々に信奉されているのは、ここから来ているとも言えます。

また、この神々の姿勢は、例えば、人殺しの武器である刀剣や和弓ですら、美しき芸術へと昇華してきた「日本の心」「大和の心」として、今なお私たちの中に受け継がれているのです。

——決定成就

「災厄無視」の態度を支えているのが、「決定成就」です。

八百万の神々は暗闇の中にいながらも、すでに天照大御神のお出ましになった明るい世界に意識を合わせて合議し、この合議の中で、「まさにそうなった」、「すでに成就は決定している」という境地はさらに深まっていきます。

八意思金神はその八百万の神の思いを余さずとりまとめ、「お出ましになった」という世界が成就したことを祝う、祭礼を執り行うことを決めます。

「お出ましになった」からこそ、長鳴鳥を鳴かせます。日の光が姿を現したからこそ、朝の訪れを告げる長鳴鳥が鳴いたのです。

私たちの神典『古事記』が教えてくれるのは、「夢が叶ったように思考さえすれば現実化する」という「引き寄せの法則」とは似て非なるものだということです。

例えるならば、「引き寄せの法則」が、矢を的に当てようとして弓を引くことだとしたら、決定成就とは、的に当たるとか当たらないとかを超えて、ただ澄み切りの心で、矢の離れを待つこと。あるいは、仏師の言う「木の中にすでに存在する仏様を顕現させること」であり、自分の思い通りに仏像を彫り進めることではないのです。

余計なエゴも賢《さか》しらな狙いも計算もなく、ただ成るべくして成るようにという意識に合わせて言動をとること。誠を尽くしているならば、誠を尽くしているその姿が「成っている」ということであり、やるべきことをやっていることそのものが「成っている」のです。

そのように、成るか成らないかという迷いもなく、否、迷いがありながらも、「イザ！」の心で潔く、晴れやかに、事に臨んでいく……。それが、「決定成就」の覚悟なのです。

そして、このような「神道引き寄せの法則」の根底には、「真釣り合わせ」があります。

天岩戸のエピソードは、天岩戸を挟んで内と外にいらっしゃる天照大御神と八百万の神との「真釣り合わせ」のプロセスを描いたものであるともいえるのです。

——真釣り合わせと直霊の顕現

祭りとは、本来、真釣り合わせのことであり、それは、神の誠の心と人の真心が釣り合うこと。まさに内なる世界と外なる世界の振動数の真釣り合いであり、同調であり、私たちが、天之御中主神《あめのみなかぬしのかみ》を本源とする神から生まれた神であることを思いだすことでもあります。

改めて、この真釣り合わせの観点から、「天岩戸」のエピソードを見ていくこととします。

天照大御神は高天原で起きた罪穢れの一切を、己が責任としてその全てを引き受けて、天岩戸の内に籠もりますが、ここから起きる天岩戸の内と外での展開は、まさに「真釣り合わせ」であることが分かります。

天岩戸の外で、八百万の神が様々な意見を交わし合議する様子は、天照大御神が内面の様々な思いを、あるがまま内省をしていたことと繋がっています。

八意思金神《やごころおもいかねのかみ》が八百万の神の思いをひとつにまとめていく様は、天照大御神の内面が振動数の高まりと共に統一に向かっていくプロセスそのもの。それはまさに鎮魂。

天岩戸の中の天照大御神の鎮魂行の深まりに伴う霊格向上への道と、天岩戸の外の八百万の神々のおはたらきとの呼応。

天岩戸の外で繰り広げられる様々など神事によって、高天原の振動数はいよいよ高まり、それは天宇受売命《あめのうずめのみこと》の神楽舞によって、極まりに達していきます。

八百万の神々の清明心の底力が、天宇受売命の神楽舞を究極の鎮魂の舞にまで高め上げ、その清《きよ》まわりの波動は、あな面白、あな清明《さや》け、おけ！　と、神々の内奥から直霊の光を溢れさせていったのです。

それは、天岩戸の内で鎮魂行に取り組まれ、自霊《じれい》の振動数を上げていった天照大御神のお姿そのもの。天照大御神もまた、ご自身の清明なる光の振動を、真澄みの極みまで振るい、高まらせていきました。天照大御神は内省と共に、真なる我れと、直霊との合一を深化させていきます。

天照大御神と八百万の神は、一即多、いわば一心同体。天岩戸を隔てた内と外とで、共に振動数を高め、澄み切らせ、真釣り合わせが行われていったのです。

天岩戸の内も外も、そのいずれも天御中主神の本源の顕れであり、またそうであるからこそ、そこに在るのは誠であり、誠を尽くそうとする想いでありはたらきであり、その想いはまた、本源（直霊）の顕現。

私たちもまた、その本源、直霊の想いのまま、神ながらのままに誠を尽くす時、その誠の字が示すが如く、言（事）が成るのです。

それが真釣り合い……。

そう、私たちは、神の御顕《みあ》れである故……。

天岩戸の内の天照大御神も、天岩戸の外の八百万の神々も、そして私たちも、神の御顕れであり、誠の振るえ……。

――「エゴ」を手放された神々

さて、天岩戸の外で天宇受売命が「忘我」の境地に達した様相は、エゴを手放した瞬間の在り様でもあります。天宇受売命の姿は己を全て神に捧げ、あらゆる気がかりや賢《さか》しらから自由になった姿。

それは同時に、天岩戸の中の天照大御神ご自身がその賢しらな思いを手放された瞬間でもあります。「エゴを手放す」という点でも、天岩戸の内と外で真釣り合わせが起きています。

天照大御神は最初、速須佐之男命《はやすさのおのみこと》によって生じた罪穢れを己が責任と引き受けて修養せんと天岩戸の内にこもりました。我が身を責めたかも知れません。そのとき暗闇の世界は神々の狼狽《うろた》える声で満ち、あちらこちらで妖《わざわい》が生まれました。

しかし、ひたすらな鎮魂行の末に「私一人では何もできない。それなのに、自分がなんとかしようと、全てを自分で引き受けようとした。何と傲慢だったのだろう」と、「我ながら」な意識に気づき、「全てを大いなる神はからいにまかせよう」と己を手放したのです。

これは、天照大御神の中に、ほんの僅かに残っていた、ひとかけらのエゴでした。清明正直の権化でもある天照大御神でさえ気づけなかった、この僅かなエゴに気づくことができたのは、鎮魂禊行《ちんこんみそぎぎょう》が最終完成へと極まり、その振動数も千早振りの極まりに達したからです。

このとき、八百万の神もまた、天岩戸の中から天照大御神を強引に引き出そうとも、己の満足のために世界を動かそうともしたのではありませんでした。

ただ己のエゴを手放した時、世界が鳴り響き、皆と共に笑い合い、天照大御神が天岩戸を開かれたのです。

天照大御神と、天宇受売命を含む八百万の神とは、おのおの執着を手放し、ひたすら全体の調和をこころざし、自霊《じれい》の振動数を高め、頂点に達しました。

それこそが内と外との振動数が真釣り合った瞬間であり、真なる「神ながら」が顕現した瞬間でした。

天照大御神が天岩戸の外の賑やかな様子を不思議に思い、天岩戸のすきまを開いて外を覗《うかが》ったのも、「自分がなんとかしよう」という「我ながら」を手放したが故に生まれた姿勢であり、内と外が真釣り合ったが故に、固く閉ざされていた天岩戸もすっと開いたのだと言えるでしょう。

鏡に映った天照大御神のお姿が、天照大御神ご自身にも分からないほど神々しく輝いていたのも、天岩戸の中で御修養されエゴを手放したことで霊格が上がったからなのです。

そして、天照大御神が「本当に尊い神がいらっしゃる」と身を乗り出された時、天手力男神《あめのたぢからおのかみ》がその御手を取り、外へと誘《いざな》いました。

このとき、天手力男神は決して力任せに天岩戸をこじ開けたり、天照大御神を無理矢理引きずり出したりはしていません。天手力男神が引くと同時に天照大御神が出られたのです。

そう、「天手力男の神、その御手を取りて引き出だしまつりき」とあるのは、天照大御神を導き出したということであり、お呼び申し上げたということであり、同時に、大御神のご出現が起きたということです。

まさにこの場面は、内と外が合一した瞬間であると同時に、自力と他力の一致した瞬間であり、想念が具現化した瞬間でもあります。

それはまた、自他の対立を超えた産霊の根本的在り様が顕れた瞬間でもあるのです。

つまり、天照大御神も八百万の神も自霊の振動数を上げ、エゴを手放したことで、「想念の具現化」という真釣りあわせが起き、新生天照大神のご出現が、成ったのです。

このように、天岩戸開きのエピソードは、まさに「神道引き寄せの法則」そのもの。

これまで繰り返し述べてきたように、それは、引き寄せようとしないことであり、引き寄せようとか引き寄せようとしないとか、それすらも超えたところにある「禊祓

い の道」。

万象即我《ばんしょうそくわれ》なりと、勇気を以て、出直しやり直し生き直しの禊の道に臨む時、万象全て主観なりと、誠の心を以て内なる直霊の振るえへと深化（神化）していく時、エゴは自然ながらに手放され、天地呼応の振るえと共に、事は成っていくのです。

——全ては宇宙生成化育の神業《かむわざ》

エゴ、慢心の象徴である速須佐之男命の存在は、直霊の顕現、つまりは天照大御神の新生という、事が成るべく役割を担っておられることに気づきます。

須佐之男命の暴挙によって、天照大神は岩戸に籠られ鎮魂行に入られたのですから。

一方、エゴの対極でもある良心、誠の心は、八百万の神々ですが、具体的に直霊《なおひ》の顕現を助け、促していきます。

私たちの心の中の、対極に見える二つの心、エゴも良心も共に、直霊の顕現、さらなる直霊の生成化育のために在るというのは、とても面白いことです。

直霊は、なお光り輝かんとして振動数を上げる。それを良心は天岩戸の外で誠をもって支え、具体的な施策をとる。直霊は、いや増しに増して振動数を上げる。新生天照大御神の光は、そのまま高天原の光の進化。

そのきっかけを作った速須佐之男命は役割を終えて、高天原を追放され、そして出直しやり直し生き直しの通過儀礼、八岐大蛇《やまたのおろち》との対峙によって神格を上げていくのは有名な話です。

エゴも良心も、より直霊を光輝かせるために、より宇宙を生成化育していくために、それぞれの役割を担い、そしてそれは全て神はからいであるということを、付け加えておきたいと思います。

そう　全てが縁故《えにし》
神の御顕《みあ》れとして
禊祓いと共に誠を尽くしていくのみ

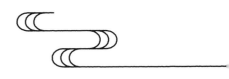

天地開闢は今も繰り返されている

さて、「天岩戸の場面」は、天地開闢の再演でもあります。

「天岩戸」のエピソードで活躍する八百万の神々の中で、「神」と称されているのは天照大御神と思金神、天手力男神という三柱の神だけです。それ以外の神は、皆「〜命《みこと》」と呼ばれています。

神と呼ばれた三柱の神はそれぞれ、

- **天照大御神……意思**
- **思金神《おもいかね》……観念や想念**
- **天手力男神《あめのたぢからお》……具現化**

と、想念の具現化において普遍的で重要なおはたらきやお力を体現しています。その他の神は、「命」と呼ばれ、三柱の神のおはたらきを細分化した個々のおはたらき、お役割、使命を現しています。

もちろん、一神即萬神であるが故に、神と呼ばれようが命と呼ばれようが、そこに優劣上下はありません。むしろ、天照大御神と思金神、天手力男神の関係も、天照大御神と八百万の神の関係も、一即多なのです。

天岩戸開きで「神」と呼ばれる三柱の神は、天地開闢の時に生まれた造化三神のお傍《はた》らきと見事に呼応しています。

造化三神それぞれのおはたらきは、

- **天之御中主神《あめのみなかぬし》……生成化育の意志**
- **高御産巣日神《たかみむすひ》……拡大と観念のエネルギー**
- **神産巣日神《かみむすひ》……凝縮と具現化のエネルギー**

であると言えます。

第二章で紹介した通り、この宇宙にはじめに出現された天之御中主神は宇宙を生成化育していこうとする「意志」です。

その意志は同時に二つに分かれて、拡大のエネルギーを表す陽の神である高御産巣日神と、凝縮のエネルギーを表す陰の神である神産巣日神という対極のエネルギーとして自らを表現されました。

対極のエネルギーの交流と交換により、宇宙が強烈に振動し、その千早振りの渦の中から、次々と神々が、生命が成《な》り生《な》っていきます。この、同じでありながら異なる二つのエネルギーの交流・交換が生命を誕生させ、宇宙を進化発展させるのは、永遠不滅の理《ことわり》です。

天岩戸の物語の中の思金神と手力男の神も、天地開闢の物語の中の高御産巣日神と神産巣日神も、互いに対極のエネルギーです。対極的な二柱の神は、それぞれ天照大御神や天之御中主神という大本である神が象徴する全体と、互いに部分でありながら同一であるという「一即多」の関係にあります。

天地開闢と天岩戸開きの二つのエピソードの類似性は何を意味するのでしょうか。

それは、天岩戸開きがまさに天地開闢の再演だということです。

古事記にはこのエピソードのほかにも、天地開闢の再演と呼ぶべき場面が何度も繰り返し現れます。それはつまり、現在においても、世界は天地開闢を繰り返しているということなのです。

単にどこかにあるものを手もとに「引き寄せる」のではなく、天地開闢にも等しい、真の想念の具現化は、本来の自己である直霊を顕現させることなのです。

自ずと顕現しようとする直霊をさらに光り輝かせるために、私たちは日々禊祓いにいそしむのです。直霊の顕現を促す「真釣り合わせ」。それは、何かをかき集めるかのような「引き寄せ」とはまったく違うのです。

天地《あめつち》の初発《はじめ》・・・
それは　今であり　常であり
私であり　あなた
その刹那が　その呼吸が　その振るえが
いつでも　常に　永遠に　初発《はじめ》なのです
だから　私は
あなたは
こうして
その刹那に
生と死の永遠を
新たな初発《はじまり》として
煌《きら》めいているのです

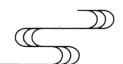

むすびに

勤勉精進こそ、この日の本の民の誇りだったはず。己れ自身は何もせず、宇宙にお任せとか委ねるとか、必要なことは起きるとか、引き寄せてやろうとか、いつ頃からそうなってきたのでしょうか。妄想にふけらず、この手足を使ってはたらき、この頭で考え抜き、この心で神明に感謝し、おそれながら天皇《すめらみこと》と太古の神々に、神ならいしていきたいものです。

何かを引き寄せようという思いは、まだ自分と世界が分離しているという迷いの世界にいて、未熟な心が作り出しているということを知っておくことです。

自分の思いが、自分の行いが、そのまま神であるという、神ながら意識にあれば、そのような思いは沸いてくるはずがないのですから。

もし、何かを引き寄せることができた、引き寄せたという体験があったとしたら、それはとても有り難いこと。その感謝の心を、その有り難き喜びの振るえを繋いでいき、祈りとして、溢れ出させ、自分以外の何かの為に、イザ！　の心で潔く、天晴れと、己を捧げ切っていこうではありませんか。

我が国の神道では、この生命は顕幽を貫き、永遠の生き通しとします。この生命が永遠であるなら、この現世《うつしよ》は、永遠の巡りの旅の、一時の通過場所であって、たとえ一時だとしても、滞在させていただいているこの場所に感謝し、そして、さらにより良き場所とするためにはたらいてみようではありませんか。そう。傍《はた》を楽にするために、誠を尽くしてはたらいてみようではありませんか。神の顕れである我が、真心をもって誠を尽くし、真釣り合わせを成していくのです。

それが、生命の巡りの在り様であり、この日の本の、私たちの遠い祖先の人々は、そうやって、生かし合い祈り合い称え合って、神ながらに生き、その心を、その想いを、未来へと繋いでいこうとしてきたのに違いありません。

一即多、中心即全体の、懐かしき、晴れ晴れとした、大和《おおにぎ》の心持ちと共に……。

己の今居る場所こそが宇宙の大中心であって、その自覚した在り様を国常立神《くにのとこたちのかみ》というのです。それはまた、天御中主神でありて、どこぞのパワースポット巡りをせずとも、何やらの存在に翻弄されずとも、何かを引き寄せてやろうと、小賢しき術、メソッドに振り回されなくとも、己の今の立場こそ、全き光なのですから、今、今、今を永遠の中今として、その立場を丁寧に大切に生ききる姿は、もうそのまま、尊き神の姿なのです。永遠の生命の、全き光なのです。うれし楽しの、神の振るえそのものなのです。

どこにいようと、何があろうと、この現実界を磐境《いわさか》とし、この身を神籬《ひもろぎ》して、禍福《かふく》終始《しゅうし》を知ってうろたえず、全てが神意の顕れとして腹を据えて、今、今、今の現実只今を潔く清く天晴れと生きていきたいものです。

そう、私たちは霊留《ひと》であり、宇宙大玄霊《だいげんれい》の分かれである故、その本質は神と等しく、否、神そのものであり、この中に、神のもつあらゆるものを携えているのですから。

つまりは創造者である故に、世に言う、引き寄せの法則などは捨て置き、人として傍《はた》らき、もの作り、創造（衣食住、芸術、育成）に励むことこそが、この人の世での天地創造の神業となるのです。

かってのこの日の本の人々は、天地を内包する天晴れたる心持ちと共に、悟りや解脱を目指そうとするでもなく、救われて楽土に往くことを望むでもなく、現実只今この時を、この場所を、無常の楽土、住吉の里、浦安の国とすべく、弥栄のためにはたらいてきたのです。

仏教の教え、「厭離穢土欣求浄土《おんりえどごんぐじょうど》」を、〝汚れたこの世を逃れて清らかなあの世に生まれることを望む〃ではなく〃汚れたこの世をこそ浄土にすることを目指せ〃と捉えるが如くに。

生きていれば、思うにままならないことも、悲しみに苛《さいな》まれることも、理不尽と思うこともあります。その葛藤こそが、進化生成化育の肥やしなのです。艱難辛苦《かんなんしんく》も笑って祓って乗り越え、今、今、今と、天岩戸を開いていきましょう。

全て思い通りになる……それで本当にいいのかなとも思うし、なるわけないとも思います。上手くいかないから、創意工夫、努力精進があり、切磋琢磨があり、そうして、私たちは、己の、そして宇宙の岩戸を開きながら、宇宙と共に進化していくのです。

苦労や困難は、私たちの精神を向上させ、悲しみや悔しさは、私たちの人生に深みと豊かさを与えてくれます。

故に神はいたずらに、艱難辛苦という贈り物を私たちから奪うことはありません。

お蔭信仰にて神さまに祈願する時、この辺りのこと、心得ておきたいものです。

真のうれし楽しは、ご都合主義の似非《えせ》ポジティブではなく、現実と面と向き合い、清濁《せいだく》合わせ飲み、それらを乗り越えた後の平安を楽しめる境地にあります。

だからこその、日々の禊祓い……その祓い心もまた神。

禊祓いの心と形は、「神の身明かりの宮の我れ」としての姿そのもの。その心と形に、神が留まり、神が息づき、その心と形と我とは、神との隔たりが、最早《もはや》ありません。隔たりが無くなる故に、自然ながらに事は成るのです。

そして、その成りたるものもまた、神なれば、ただただ有り難く、ただただ穏やかに、平安を楽しむ我がそこにいます。全てに感謝し、慎む我がいるのです。

そこには、何かを引き寄せようという心などは、無意味な世界。ただただ、祈り、捧げたくなるのみ……。

いつの間にか、「俺が、私が」の我《が》に走り、個人主義に陥ってしまった私たち。ご利益を得よう、思い通りに引き寄せてやろうというのも、まさにエゴという分離意識。そこに、真の平安はありません。真の繁栄はありません。

俺が、私がの、個人が単独で栄えゆくことはないのです。栄えゆくは、宇宙、自然、社会より、他人様より、無限の恩恵を得ているが故のこと。共存するが故に栄えるのであり、よって、全体のために、奉仕するということ、他のために働く（傍を楽にする）ということは当たり前のこと。自然ながらのことなのです。

それこそが、何とも言えない、何ともそこはかとない、平安……。

私たちの日常が、神秘奇蹟極まりなきことなのに、さらに何か神秘や奇蹟を求めようとする……、息をしている奇蹟、食べ物が消化されて血肉になる奇蹟、人と人が出会う神秘、太陽月地球の絶妙なバランスの神秘。

ましてや人は小宇宙。この身体の神秘と、存在の奇蹟に驚嘆しながら、そこはかとなく、己れを捧げていくのです。

それが、祈り。それが、生命……

日子《ひこ》として、日女《ひめ》として、迷いながらも、日々禊祓いして、明日は「明るい日」であるとし、わはははと笑って祓って、過ごしてまいりましょう。

天晴れ
あな面白
あな手伸《たの》し
あな清明《さや》け
おけ・・・

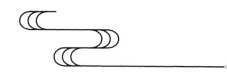

終わるゆえ
不滅で、

無常ゆえ
永遠・・・

生は死ある
ゆえで

死あるゆえ
常若《とこわか》・・・

生命は永久《とわ》
に巡るゆえ

終わりを迎え
そしてまた
始まりを迎える・・・

それは祈り
そのもので
それは
祝福そのもので

それを
ことほぎ
と呼び

それを産霊《むすび》
と呼び

わたしも
あなたも

こうして

ことほぎ
の生命を

久遠より

永劫へと

結びながら

捧げて

いくのです・・・

嗚呼《ああ》・・・

弥栄・・・

神ながら

霊幸《たまちは》えませ

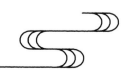

あとがき

前作『神ながら意識』（ナチュラルスピリット）でも述べましたが、私はいわゆる、神社神道の神職でもなく、神道系教団の信徒でもなく、神道の家柄に育ったわけでもありません。

また、自らが何らかの組織、教団などを立ち上げて運営しているわけでもありません。

今回も、一人の古神道研究家として、神ながらの行者、実践家として、この本を書かせていただきました。

私たちの遠い祖先の、名も知らぬ人々によって大事に育まれ、祈りとして息づいてきた、そして未来へと繫がれていく、美しき大道、神ながらの道。

その根底に流れ続いていく、禊祓いの心を、ご利益信仰や開運、パワースポットブームなどとは違った（離れた）視点から、その本質を探ってみました。

そして、「神道引き寄せの法則」とは、引き寄せようとしないこと。

引き寄せようとしないことが、究極の引き寄せの法則……。

もっと言えば、この日の本の人々は、引き寄せようとか引き寄せようとしないとか、そのようなコントロールの世界とは無縁に、ムスビの世界を、神のみあれとして、潔く、生きてきたのです。


前作同様、本書の内容は、私自身のオリジナルということではありません。

多くの先師、先人、著作、諸先輩方からの教えを、その神意識からの叡智を、今回も私なりに咀嚼し、私自身の体験と合わせて述べさせていただきました。

その他多くの方々からもご教示を賜り、そのお導きに、ご神縁に、改めてここに深甚なる感謝を申し上げる次第です。

特に、平素より非常なるご指導とご示唆を仰いでおります、大宮司朗先生（神伝大東流合気柔術玄修会・玄学修道会会長）、またすでに神去《かみさ》られました佐々木将人先生（元神明塾塾頭・合気道師範・山蔭神道神官）には多大なる叡智を賜り、感謝の念に堪えません。

また、「奥妙在練心」……この道場訓と共に、沖縄伝統空手剛柔流の稽古をつけていただき、神ながらの道をさらに深めるきっかけを与えていただきました、国際明武館剛柔流空手道連盟総本部、二代目宗家の八木明達先生、現会長の八木明人先生、そして、「道」というもの対する取り組みの姿勢について多大な影響を受けました、風心会会長の永野順一氏、柔剣雷心会代表の永野勝氏、古神道の叡智をご自身の生き方と共に伝えている吉野さやかさん（株式会社あとりえ林檎代表取締役。日本に恋せよプロジェクトリーダー）、皇居勤労奉仕団の団長を二度も務めさせていただくきっかけを作っていただいた、弥栄代表の加藤歩氏、本表紙に作品をご提供いただいた氣龍ART作家の日幸 知氏、温かく力強い励ましのお言葉を賜った、私の講座の全国各地の主催者と受講生の皆さま、本書の執筆及び出版にあたって尽力してくださった、株式会社Gonmatus代表で作家支援をしている藤由達藏さん、和ごころ株式会社代表で日本神界伝道師の橋本弥司子さん、編集の磯貝いさおさん、そして株式会社ナチュラルスピリットの今井社長に、厚く謝意を表します。

神ながらとは、「神為がら」であり、「神成がら」のことでもあります。
神自らが為し、そして成っていくのです。

神から成った私たちもまた、神として何かを為し、それによってまた、何かが成っていきます。この連続性がムスビでもあり、故に、為ると成るは同じだということです。成ることを為し、為して成るのです。

宇宙と共に成った（顕れた）天御中主神も、自ずからが成ることを為したのです。

私たち日本人は、「この会社に務めることになりました」、「私たち、結婚する運びとなりました」などと表現することがあります。

それはどこかで、為ると成るが同じであるということを、私たちが知っているからに他なりません。自ら為したことと、自ずから成ったことは、別ものではないのです。

全てが縁であり、ムスビなのです。

為して成り、成るを為す・・・

為りと成りの真釣り合い・・・

自力だけでもなく、他力だけでもなく、

己のミコトモチを活き、そして神に委ねて生きる・・・

何と天晴れな生き方なのでしょう。

これぞ、禊祓いの心・・・

そう、天晴《あっぱ》れと、潔く、生かされて活きていこうではありませんか。

「神道は、〝言挙げせず〟」と言います。言葉にした瞬間、書き物にした瞬間、「決めつけ」が起こり、対立が起こり、囚われと化してしまうという、先人の知恵と教訓によるものです。

それはまた、物事を賢《さか》しらに考え理屈をこね回さないということ。賢しらに理屈をこね回すのは、己の内を見ず、外ばかり見ているが故のこと。

よって、本書をお読みになっても、この内容に囚われることなく、自分自身の内奥にある直霊《なおひ》の鏡に映し出されているものを感じ、つまり「自分の胸に聞いてみる」という態度を、大切にしていただければと思います。

二拝二拍手一礼

かつて
私は
　始まりでした
かつて
あなたは
　終わりでした

私も
あなたも
それは
音であって
　それは
　光であって
始まりと
終わりの
　一瞬の
風でした

だから
私も
あなたも

次の一瞬の
煌《きらめ》きに
向かって

今を
始まりと
終わりの
今を

かつての
音の如く

かつての
光の如く

一瞬の風
として

さつそうと

生ききって
いくのです

［参考文献］

『古神道の身体秘伝』大宮司朗／ビイング・ネット・プレス
『言霊玄修秘伝』大宮司朗／八幡書店
『古神道祝詞集』大宮司朗／八幡書店
『神道の生き方』山蔭基央／学研
『神道入門　その二・行法編』山蔭基央／白馬出版
『続 古神道大義　上下完』筧克彦／清水書店
『神ながらの道』筧克彦／皇學会
『風俗習慣と神ながらの實修』筧克彦／春陽堂書店
『神道の手引書』戸松慶議／綜合文化協会
『古事記眼』水谷清／八幡書店
『綜合古事記読本　上下巻』荒深道斉／道ひらき出版
『太古哲学古事記正解』荒深道斉／道ひらき出版
『産土の神社』高良容像／神道日垣の庭
『神道開眼』高良容像／富士見書房
『天皇の神界』高良容像／神道日垣の庭
『古事記とヘブライ神話』高橋輝正／天行居

『日本古典文学大系　古事記　祝詞』岩波書店
『日本古典文学大系　日本書紀』岩波書店
『日本古典文学大系　風土記』岩波書店
『古事記伝』本居宣長／岩波文庫
『霊体結修鎮魂の要諦』宇佐美景堂／霊響山房
『禊の理念と祖孫一体』宇佐美景堂／昭和十七年『日本及び日本人』連載
『神ながらの修養』田中治吾平／雄山閣
『黎明　上巻・下巻』葦原瑞穂／太陽出版
『新版 神事の基礎知識』藤井正雄編著／講談社
『神ながら意識』矢加部幸彦／ナチュラルスピリット
『武産合気』高橋英雄編著／白光真宏会出版局
『引き寄せの法則　エイブラハムとの対話』
エスター・ヒックス＋ジェリー・ヒックス／吉田利子訳／ＳＢクリエイティブ
『新訳　引き寄せの法則　エイブラハムとの対話』
エスター・ヒックス＋ジェリー・ヒックス／本田健訳／ＳＢクリエイティブ
『ザ・シークレット』ロンダ・バーン／山川紘矢・山川亜希子・佐野美代子訳／角川書店
『思考は現実化する』ナポレオン・ヒル／田中孝顕訳／きこ書房

著者略歴

矢加部 幸彦（やかべ ゆきひこ）

大和ことほぎの会主宰、矢加部オフィス代表。

古神道修道士、神道音楽家、セラピスト。

福岡生まれ。京都在住。幼少の頃より武道を通じて（現、大宮司朗伝神伝大東流合気柔術五段、合気道四段、国際明武舘剛柔流空手二段、古流柔術、居合等も修行研鑽中）人間の精神の不思議さに興味を示し、神道、精神世界の研究を始める。大学卒業後、製薬会社に入社。人材開発部門にて人材育成に関する企画・運営・講師を担当する傍ら、人間の研究、精神世界の研究をさらに深めていく。平成7年に独立。その後も、古神道の師とのご神縁により、神武一道を修行研鑽。現在は豊富な経験とあわせて独自のメソッドを確立。古神道ワークショップや言霊修道士養成講座などを通して、古の叡智を伝えさせていただきながら、さらなる弥栄への、ことほぎを。様々なアーティストとのコラボレーションや、各地神社での奉納演奏など神道音楽家としても活動。平成24年7月には、日本・アルメニア外交関係樹立20周年記念事業に、神道音楽家として招かれ、アルメニアの国立ロシアン美術館やアララト山（アルメニアより）にてご奉納演奏を。平成26年5月に、二度目のアルメニア渡航を果たし、各地で鎮魂の祈りとご奉納を。

著書：『神ながら意識』（ナチュラルスピリット）

大宮司朗師・玄修会門人。（元）佐々木将人師・神明塾門人。

国際明武舘剛柔流空手道連盟　京都支部　代表。

＊「大和ことほぎの会」について
　大和ことほぎの会は一流一派に拘ることなく、古神道の心と形、その日の本の叡智を体験することを通して、この美しき日の本の道、大和の心を修養し、「日本人で良かった！」「自分で良かった！」を、皆様とともに学びながら、その感動（神動）を深めていくことができればと思います。

　永久の　弥栄　を
　そのはじまりの祈りを
　ことほぐ・・・

※大和ことほぎの会では、各種古神道の講座を公開させていただいていますが、宗教団体ではありません。また特定の組織に属するものでもありません。会の規則などもなく、どなたでも自由に講座を受講することができます。

「大和ことほぎの会」公式サイト　https://kamuhogi.com/yamatokotohogi/
矢加部幸彦公式ホームページ「KAMUHOGI」　https://kamuhogi.com/
FC2ブログ「ことほぎの光～よもやまブログ　http://hakuchu.blog58.fc2.com/
アメブロ「神ながらの道 ～古神道修道士 矢加部幸彦の弥栄《いやさか》の祈り～ 日本に恋せよ！」
https://ameblo.jp/yamatokotohogi/

神道引き寄せの法則
禊祓いの心
●
2024年6月15日　初版発行

著者／矢加部幸彦

装幀・本文デザイン・DTP ／ Dogs Inc.
編集／磯貝いさお

発行者／今井博揮
発行所／株式会社 ナチュラルスピリット
〒101-0051 東京都千代田区神田神保町3-2 高橋ビル2階
TEL 03-6450-5938　FAX 03-6450-5978
info@naturalspirit.co.jp
https://www.naturalspirit.co.jp/
印刷所／モリモト印刷株式会社

ISBN978-4-86451-481-1 C0014